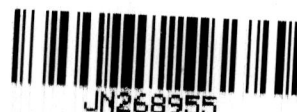

☘ しかけ絵本教室　4 ☘

干支を飾る

グリーティングカード

菊地　清

大日本絵画

絵文字ーかな
干支絵

ね

うし

とら

う

（型紙59頁）

たつ

うま

み

ひつじ

（型紙60頁）

さる

とり

いぬ

い

(型紙61頁)

ね
子＝鼠

ネズミとチーズ
(作り方p44　型紙p45)

つまみを右に引く⇒

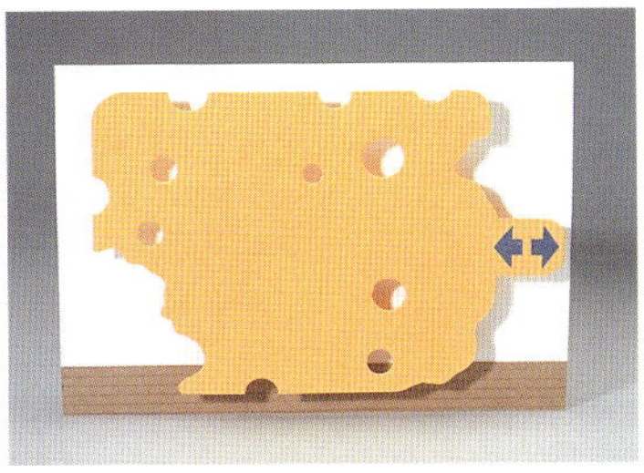

絵文字・漢字
(作り方・型紙p25)

簡単な立ち上がり　(作り方p30　型紙p31)

顔の
カード
(作り方p38)
(型紙p39)

顔の
切り出し
(作り方p34)
(型紙p35)

うし
丑＝牛

顔の切り出し
(作り方p34 型紙p35)

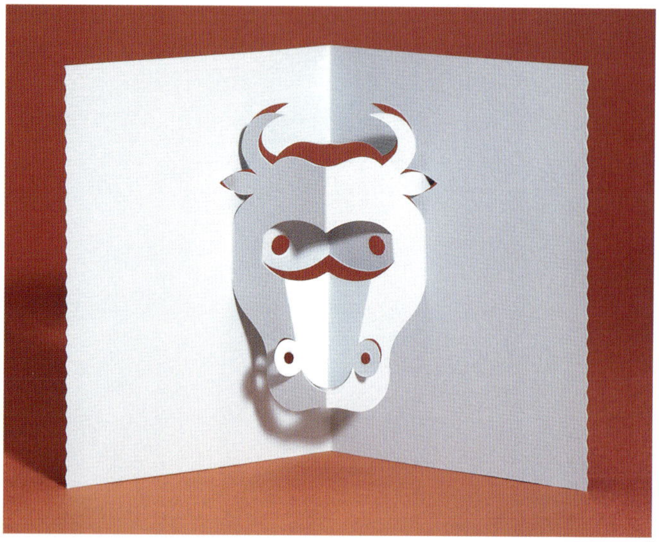

絵文字・漢字
(作り方p25 型紙p26)

簡単な立ち上がり
(作り方・型紙p30)

顔のカード(作り方p38 型紙p40)

とら
寅＝虎

口の仕掛け
(作り方・型紙p48)

絵文字・漢字
(作り方p25　型紙p26)

簡単な立ち上がり
(作り方p30　型紙p31)

顔の
カード
(作り方p38)
(型紙p40)

顔の
切り出し
(作り方p34)
(型紙p34)

う
卯＝兎

アクリルを使った仕掛け
(作り方・型紙p49)

絵文字・漢字
(作り方p25 型紙p26)

簡単な立ち上がり
(作り方p30 型紙p31)

顔のカード
(作り方p38)
(型紙p38)

顔の切り出し
(作り方p34)
(型紙p35)

たつ
辰＝竜

口の仕掛け
(作り方p46 型紙p47)

絵文字・漢字
(作り方p25 型紙p27)

簡単な立ち上がり
(作り方p30 型紙p31)

顔のカード
(作り方p38)
(型紙p39)

顔の切り出し
(作り方p34)
(型紙p35)

み
巳＝蛇

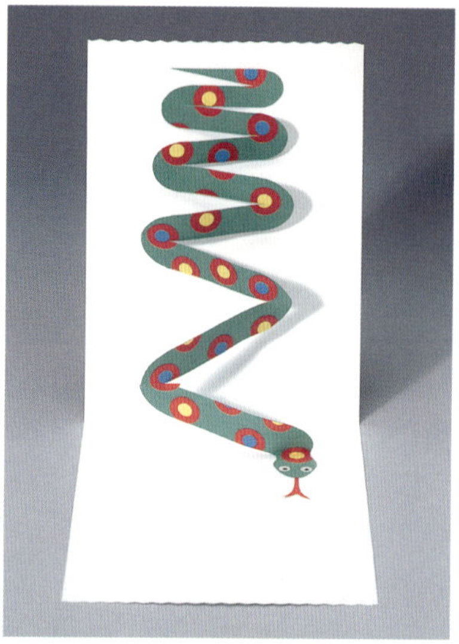

うず巻を使った仕掛け
＋変型（作り方p50　型紙p51）

絵文字・漢字
（作り方p25　型紙p27）

簡単な立ち上がり
（作り方p30　型紙p32）

顔の
カード
（作り方p38）
（型紙p41）

顔の
切り出し
（作り方p34）
（型紙p36）

うま
午＝馬

顔を上げる仕掛け
(作り方p52　型紙p53)

絵文字・漢字
(作り方p25　型紙p27)

簡単な立ち上がり
(作り方p30　型紙p32)

顔の
カード
(作り方p38)
(型紙p41)

顔の
切り出し
(作り方p34)
(型紙p36)

ひつじ　未＝羊

顔を上げる仕掛け
(作り方p52　型紙p53)

絵文字・漢字
(作り方p25　型紙p28)

簡単な立ち上がり
(作り方p30　型紙p32)

顔の
カード
(作り方p38)
(型紙p42)

顔の
切り出し
(作り方p34)
(型紙p36)

さる
申＝猿

立ち上がる仕掛け
（作り方・型紙p54）

絵文字・漢字
（作り方p25　型紙p28）

簡単な立ち上がり
（作り方p30　型紙p32）

顔の
カード
（作り方p38）
（型紙p42）

顔の
切り出し
（作り方p34）
（型紙p37）

とり
酉＝鶏

羽ばたく仕掛け
(作り方・型紙p55)

絵文字・漢字
(作り方p25　型紙p28)

簡単な立ち上がり
(作り方p30　型紙p33)

顔の
カード
(作り方p38)
(型紙p43)

顔の
切り出し
(作り方p34)
(型紙p37)

いぬ
戌＝犬

建物が立ち上がる仕掛け
(作り方p56 型紙p57)

絵文字・漢字
(作り方p25 型紙p29)

簡単な立ち上がり
(作り方p30 型紙p33)

顔のカード
(作り方p38)
(型紙p43)

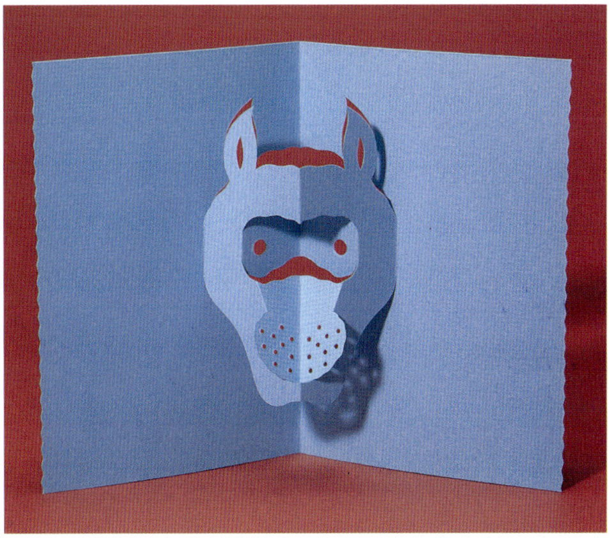

顔の切り出し
(作り方p34)
(型紙p37)

い

亥＝猪

ジャバラの仕掛け
(作り方・型紙p58)

絵文字・漢字
(作り方p25　型紙p29)

簡単な立ち上がり
(作り方p30　型紙p33)

顔の
カード
(作り方p38)
(型紙p44)

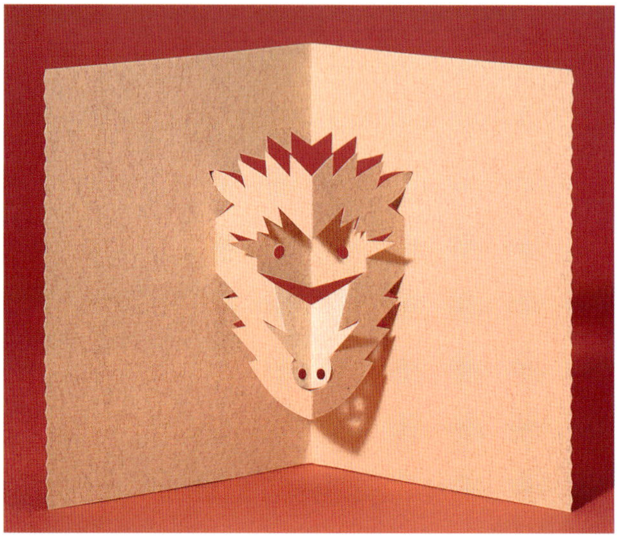

顔の
切り出し
(作り方p34)
(型紙p37)

しかけ絵本教室　4

干支を飾る　グリーティングカード

♣ 目　次 ♣

作り始める前に

☆用具について
☆材料について
☆作るときのポイント

しかけ絵本教室　4

干支を飾る　グリーティングカード

「来年は何の干支？」年賀状の季節になると良く聞かれる言葉です。「あなたは何年生まれ？」「A君はやっぱり◯◯年生まれだからな」と干支は日本人にとっては昔からのなじみのある12匹の動物達です。

しかけ絵本教室４はこの12の干支をテーマとし、しかけ以上にデザインにポイントを置いた構成といたしました。

型紙はしかけカードに利用するだけでなく、版画や切り抜きの下絵としても利用して下さい。

この本をヒントに、自分で動物の絵文字を考えたり、「簡単な立ち上がり」を応用して友だちと動物園を作ってみよう。

用具について

基本的には身近にあるもので作ることができますので、使いなれた用具でつくりましょう。買い求めたい方のために商品名と、定価を表示しましたので参考にしてください。(ただし定価は'96.6現在)

身近にあるもので

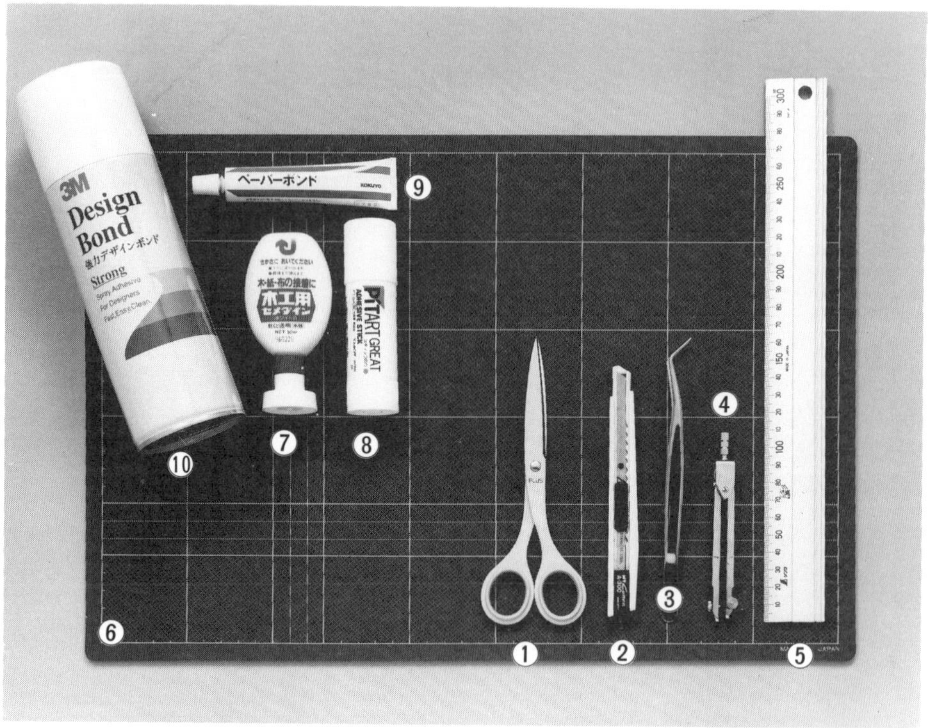

①はさみ

細かい作業が多いので、自分の手に合った、よく切れるはさみを使います。先のとがったものが使いやすいです。／プラスステンレスカラーはさみ　￥1,300

②カッターナイフ

替え刃ができ、折りスジのはいったタイプであれば普通のカッターで十分ですが、用途にあったカッターを使い分ければ、より手際よく、きれいに仕上がります。(カッターの種類は、P.21で紹介します)／ＮＴカッター　￥300

③ピンセット

無くてもよいものですが、細かいものをのりづけしたり、指の届きにくいところの作業のときに便利です。先がＬ字に曲がったものが使いやすいです。／BONNYニュートゥイザースペシャル　￥2,000

④コンパス

絵や部品の下書きで、円を描く時に使います。／ウエダ中コンパス　￥750

⑤定規

30cmのしっかりした定規を使います。カッターを使う作業が多いので、アルミの定規が適しています。傷がつきにくく、すべりどめがついているものもあり、安全です。／シンワアル助　￥540

⑥カッターマット

カッターを使う時に、下に敷きます。厚紙や、ベニヤ板などでも代用できますが、カッターの刃が切れなくなりやすく、何度か使ううちについた溝にカッターの刃をとられたりするので、たくさん作業をする場合は用意したほうがよいでしょう。／ライオンカッティングマット　￥2,100

接着剤

⑦木工用接着剤

つきがよく、乾くと透明になる接着剤で、主にこれを使います。細かいものを貼るときは、つまようじなどの先にとって、つけます。／セメダイン木工用　￥150

⑧スティックのり

広い面にのりをつける時に便利です。／ピットアートグレート　￥350

⑨ペーパーボンド

貼ったりはがしたりできます。長時間たつと紙が変色したり、はがれたりするので、薄い紙や、細かいものを仮止めするのに適しています。／コクヨペーパーボンド　￥170

⑩スプレーのり

大きな面に均等にのりをつけたい時にあると便利です。接着面から20cmほど離してスプレーします。貼ったりはがしたりできます。／３Ｍ強力デザインボンド　￥2,000

あると便利なもの

打ち抜きポンチ

穴をあける道具です。1.0～30.0mmまで、いろいろなサイズがありますが、下記の６サイズくらいがあればいいでしょう。紙にポンチを当てて、釘を打つように上からかなづちでたたいて穴をあけます。平らな場所で、カッターマットなど傷ついてもよいものの上で（専用台もあります）作業します。「編む」カードの穴あけや、穴をあけた時にできる丸い紙を目や雪として使用します。

⑪ 13mm	￥1,220	⑭ 4 mm	￥370
⑫ 11mm	￥1,030	⑮ 3 mm	￥300
⑬7.5mm	￥　580	⑯ 2 mm	￥320

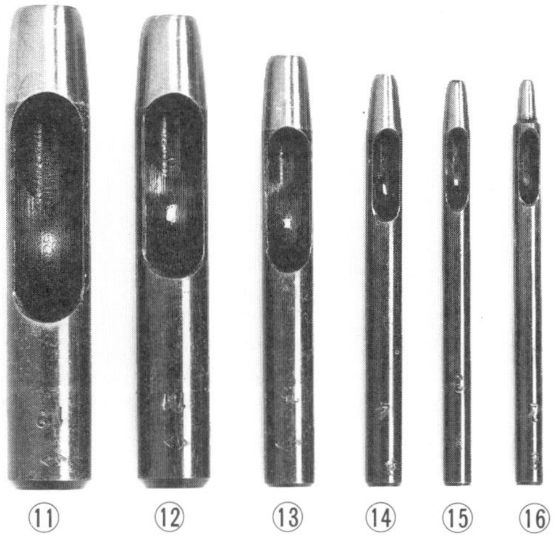

カールクラフトパンチ

かわいい形の小さなパンチです（パンチしたものが約1.5cm）。色画用紙や包装紙などをパンチして、カードに模様をつけたり、クリスマスツリーの飾りなどが簡単にできます。写真の他にも色々な形があります。

⑰木	㉑月
⑱恐竜	㉒雪の結晶
⑲星	㉓熱帯魚
⑳クマ	㉔ハート

各￥500

カッターナイフ

カッターにもいろいろな種類があり、特に曲線を切る時には、使い分けることによってよりきれいに切ることができます。揃える必要はありませんが、本書の作品のように切り絵で表現する場合、曲線切り用デザインナイフはあったほうが作業しやすいでしょう。

- 細かな切りぬき用カッター‥‥細いペン型カッター
- 曲線切り用デザインナイフ‥‥刃が360度回転して、力をかけた方に刃先が動くので曲線を切るのに最適。
- コンパスカッター‥‥丸く切る時にきれいに切れる。
- ウェーブカッター‥‥ふちどり等の波形カットが簡単にできる。

材料について

紙

紙には、数えきれないほど種類があり、さらに一種の紙に、色・厚さ・サイズがいくつもあります。本書でよく使われている紙は下記の紙ですが、同じ紙で作る必要はありません。大型文具店や画材店、ラッピング用品店等にはいろいろな紙がありますので、好みの紙を見つけて作ってください。色画用紙は最も入手しやすく、作るのにも適しているでしょう。台紙には、ケント紙が向いています。これも文具店で購入できます。

㉕マーメイド……………表面に凹凸のある紙。丈夫で、台紙向き。
／160kg　A4　¥25

㉖レザック66……………水面のような地紋と光沢のある紙。色が豊富。硬い紙。台紙向き。
／175kg　8裁　¥40

㉗ケント紙………………白くて表面がつるつるした紙。厚みがあり硬い。台紙向き。
／特Aケント　¥35

㉘タント…………………／100kg　4裁　¥40
㉙NTラシャ……………／100kg　A4　¥20
㉚ベルクール……………／ 70kg　B4　¥35

やわらかく、画用紙のような紙。色が豊富にある。㉘～㉚は紙質にほとんど差はないので、紙の色やサイズで好みの紙を選ぶ。

アクリル

文具店等で入手できます。0.038～0.125㎜まで4種類の厚さがありますが、ここでは、0.1㎜厚のものが最も適しています。
／ホルベイン高品質アセテートフィルム　5枚入¥400

テグス

部品やキャラクターをぶら下げる時に使うと、糸よりも美しく仕上がります。釣り具店、手芸店等で入手できます。太さがいろいろありますが、3号～5号ぐらいが適当です。

毛糸・刺繍糸

カードによって、好みの色や太さを使います。

定価のある商品については
問い合わせ先●銀座・伊東屋　03-3561-8311

作るときのポイント

◆デザインを決めるとき

●はじめに花や動物など作りたいものの全体像を大まかにデッサンし次にそれぞれの線や輪郭をなるべくシンプルにまとめます。たとえばカーネーションなら一目でカーネーションと分かる特長（花びらのギザギザや、細長く左右に垂れ下がった葉）を誇張しながら全体のバランスや大きさ、色合いなどを決めていきます。

●色を使わずに、白一色でもそのものの名前やイメージがストレートに伝わることが、良いデザインのポイント「シンプル・イズ・ベスト」です。

●デザインがシンプルであることは、造形的にも作りやすく何よりもきれいな仕上がりが期待できます。

◆紙を折るとき

——カッターナイフの使い方——

●カッターナイフは、刃に折り筋の入った普通タイプ。細かな切り抜き用のペンタイプ。刃が360°回転する曲線タイプと用途に合わせて色々なタイプがありますが、使う時は鉛筆を持つのと同じ握り方をするのが基本です。

●裁断する時は定規を左手でしっかりと固定し、カッターの刃を紙にたいして約45°の角度で切り込み、上から下へゆっくりと引き下ろします。特に厚手の紙や重ね切りの時は、一度目は軽く溝を付ける程度に切り込み、二度目に力を加えて切るようにすると、きれいに真っすぐに切ることができます。

——ハサミの使い方——

●かたちを切り抜く時は、右回り（時計回り）に刃を進め、ゆっくりと下絵の線をなぞるように切り進むとスムーズなトレースができ、きれいに仕上がります。

●かたちを切り抜く時、一般的に右利きの人は左回り（時計回りと反対）に切り進むと、線を見失うこともなくきれいに切ることができます。

●切りはじめはハサミを大きく開き、刃の元に近い部分を紙に当て、ゆっくりと切り出します。また、左手に持った紙を線に合わせて少しずつ動かし、右手のハサミを誘導するように切り進むときれいに切り抜くことができます。

●鋭角な部分や細いところは、とかくハサミの先をすぼめて使いたくなりますが逆に、大きく開いて元の部分で少しずつ切り込みを入れた方が失敗なく切ることができます。

◆穴を開けるとき

●打ち抜きポンチを開けたい部分に垂直に立て、上からかなづちで叩いて穴を開けます。叩き方はクギを打つ時と同じ要領ですが、厚手の紙の場合は２度３度叩いて抜け具合いを確かめてからポンチを放すのがきれいな穴開けのコツです。

◆紙を折るとき

●大まかに手で折る場合

紙と体を平行にし、右手で下の部分を持ち上げ巻き込んで上の線にぴったりと合わせ、左手で左の天地を抑え、右手の人さし指で下のふくらみを左から右へゆっくりと折り込みます。また何度も指を左右に動かしながら折りを強めます。

●溝を付け正確に折る場合

特に厚手の紙を折りやすくするために、鉄筆（大きめのクギなど）で溝を付けてから折り込むときれいにラクに折ることができます。

●定規を使って折る場合

紙の上の折りたい部分に定規を置き左手で抑え、もう一つの定規を紙の裏から差し込み、上の定規と蝶つがいになるように下から折り上げ、折り筋が付いたところで、今度は両手でしっかりと折り込みます。正確に折ることはできませんが厚手の紙などを素ばやく折りたい時には便利な方法です。

◆ノリづけ

●仮止めする時や貼ったりはがしたりする時は、ペーパーボンドやペーパーセメント（片面塗り）を使います。

●部分的に、また直線的にのりをつける時はスティックのりを使います。

●大きな面に均等にすばやくのりをつけたい時は、スプレーのり（ボンド）を使います。

●一般的にいちばん多く使うのが木工用のボンドです。つきがよく速乾性があり白いのりが乾くと透明になります。

●どの接着剤もつけ過ぎないようにするのがノリづけのコツです。ボンドなどは容器から直接紙へしぼり出すのではなく、フイルムの空きケースなどにあらかじめ適量を分けて置き、つまようじなどで少量ずつ塗ってゆくときれいに仕上がります。

作り方の図の中に使われている線の基本。

1 谷折り線
（折り線が内側になるように折る）

2 山折り線
（折り線が外側になるように折る）

3 切り取り線

作り方

絵文字―漢字

子・ね・鼠

①型紙の形にねずみ＝「子」の字（中厚の色紙）を切り抜く。ノリしろを山折りに折る。
②台紙（21cm×15cmを二つ折り）を用意する。
③子の字の下のノリしろを台紙の下部に中心線にそって貼る。上のノリしろを図のように台紙を開いた状態で貼る。
④台紙を閉じ、ノリが固まったら開く、干支の立体絵文字が完成です。

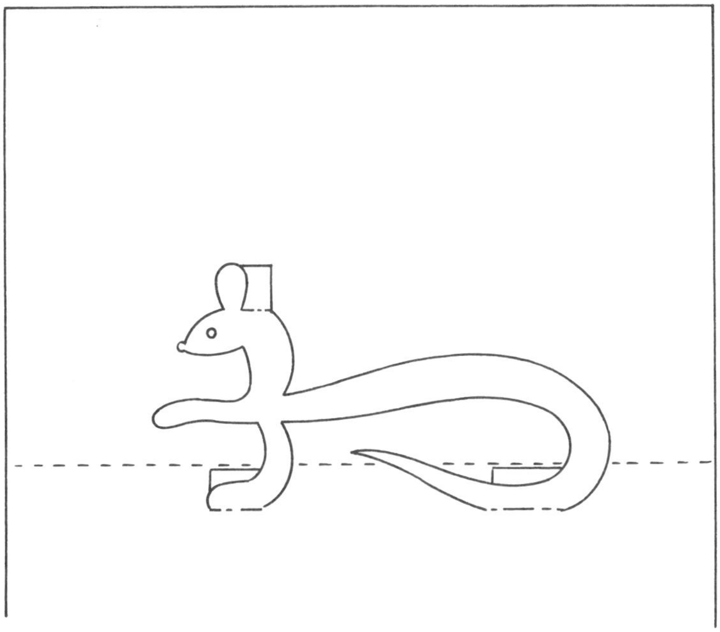

型紙

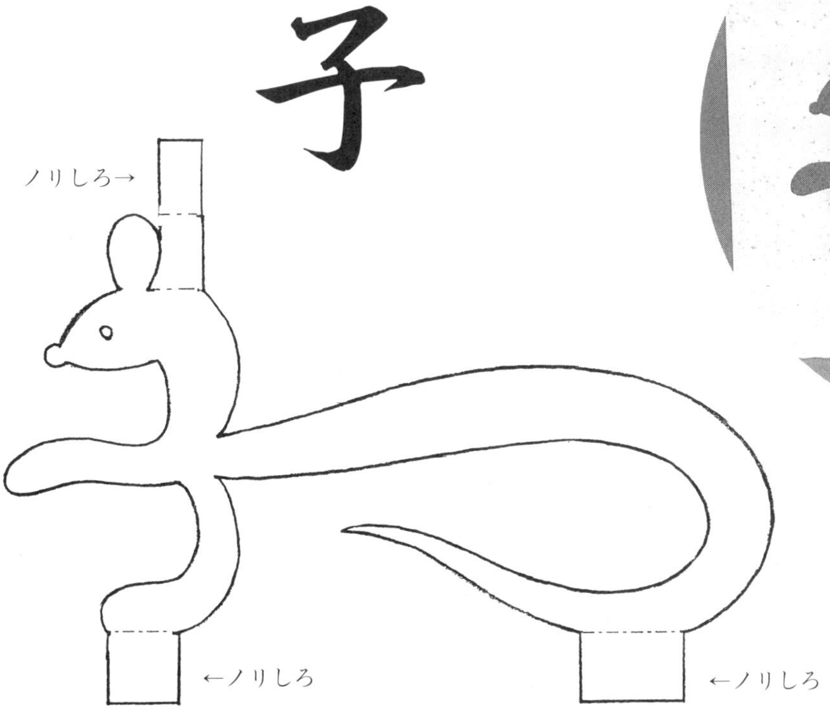

完成図

※折り線は全て山折りです。

型紙

※折り線は全て山折りです。

丑・うし・牛

丑

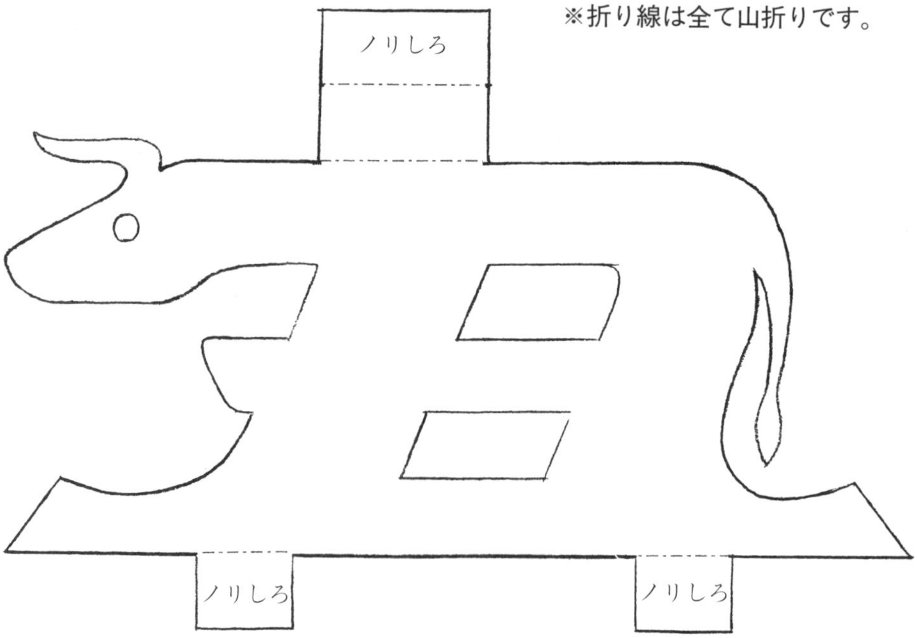

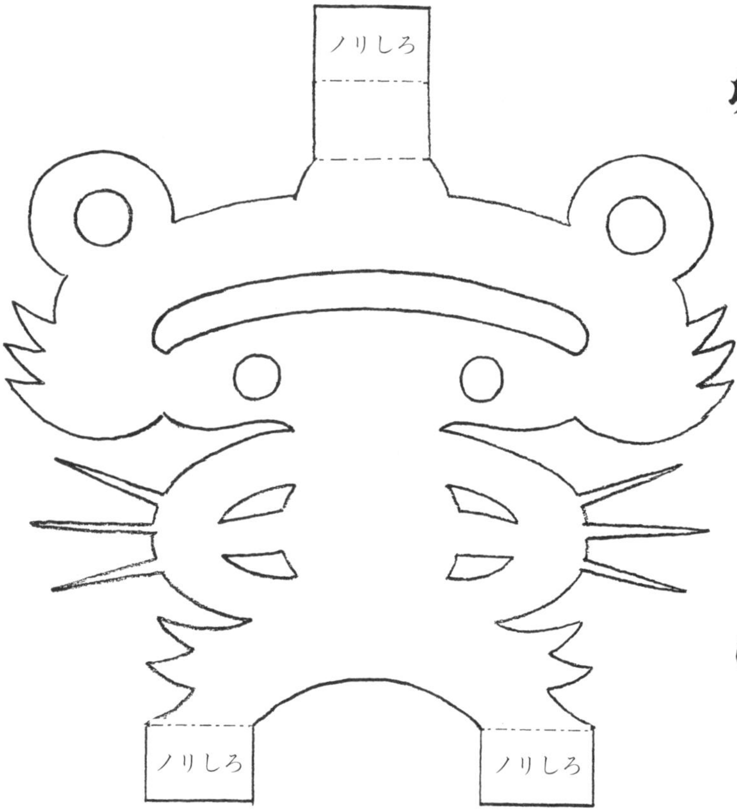

寅・とら・虎

寅

卯・う・兎

卯

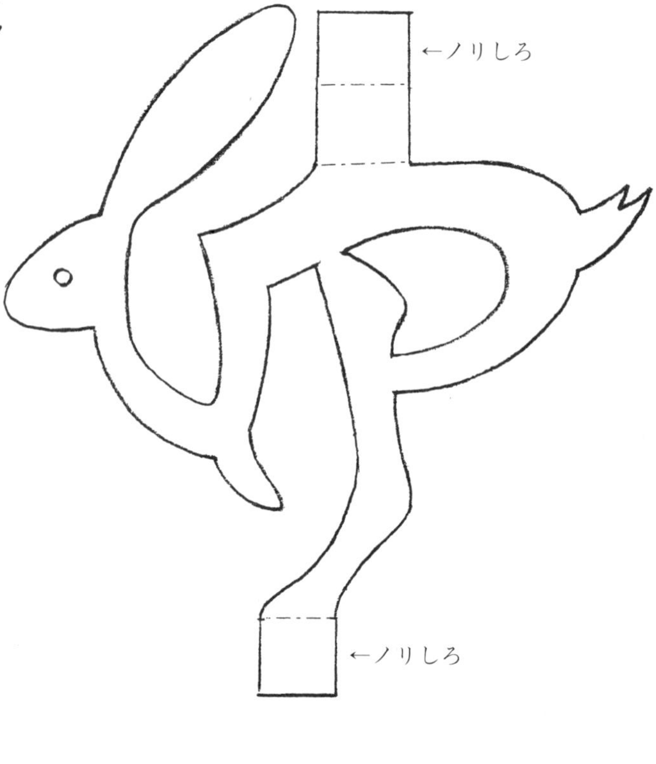

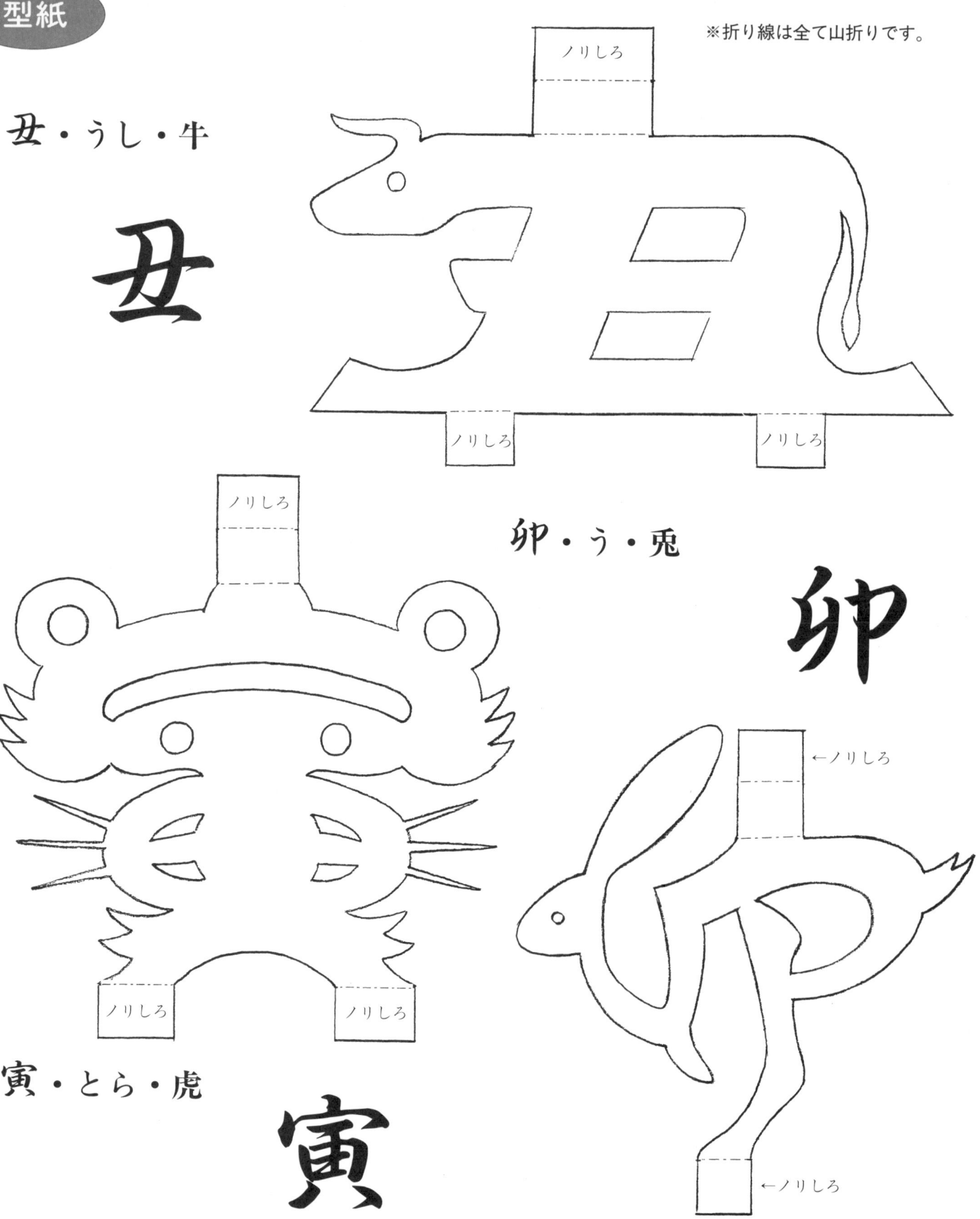

辰・たつ・竜

辰

午・うま・馬

午

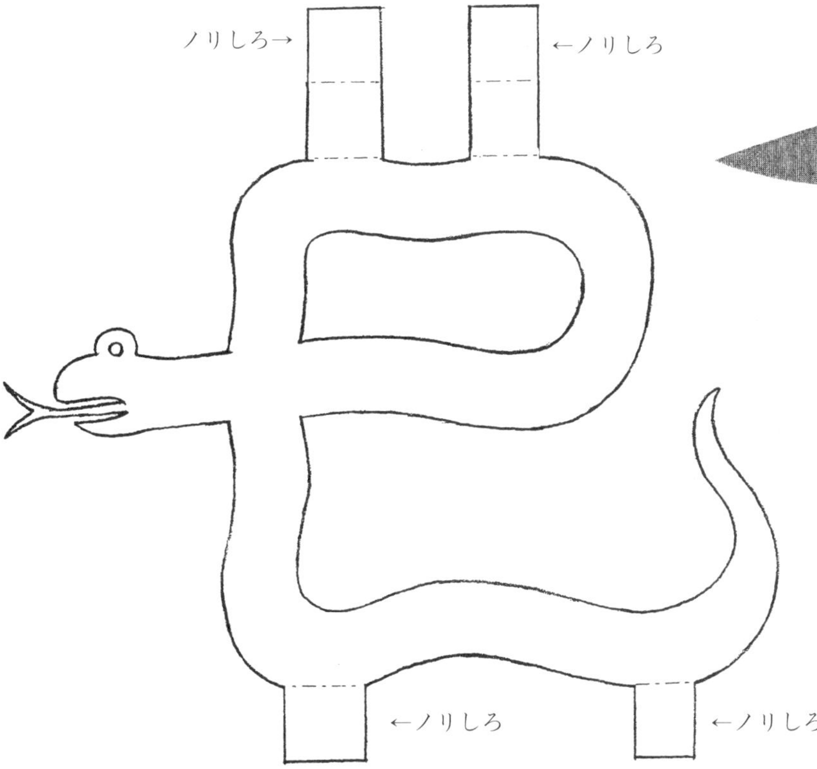

巳・み・蛇

巳

※折り線は全て山折りです。

申・さる・猿

申

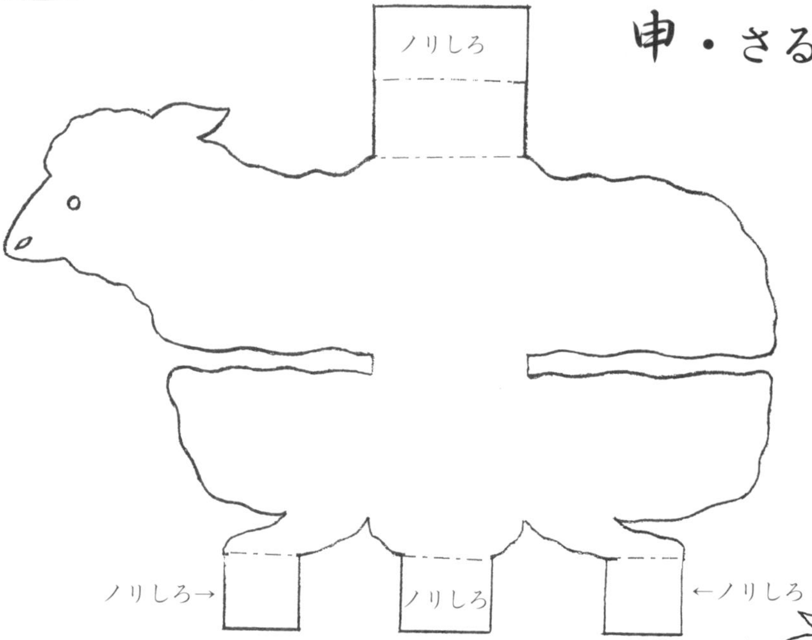

未・ひつじ・羊

未

酉・とり・鶏

酉

※折り線は全て山折りです。

戌・いぬ・犬

戌

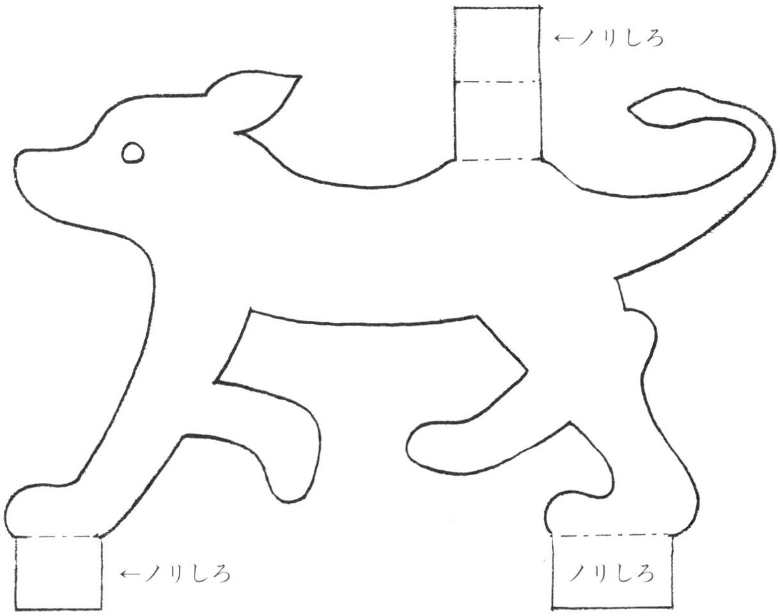

亥・い・猪

亥

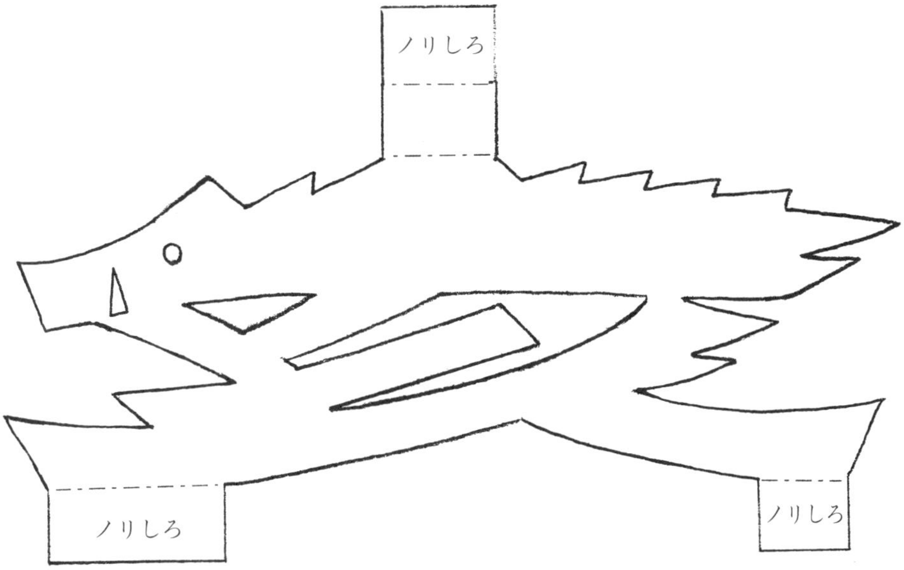

※折り線は全て山折りです。

作り方

簡単な立ち上がり

丑・うし・牛

①型紙の形に牛（中厚の色紙）を切り抜く。前足のノリしろは前を山折り、後を谷折りにしてノリしろが左右に開くように折る。後足も同様に折る。

②台紙（21cm×15cmを二つ折り）を用意し、台紙の上部に牛を置き、前足後足とも前の足のノリしろにノリをつけ、台紙にノリ付けする。
この時、牛は台紙の中央線の１cm位上に貼る。

③前足後足とも後の足のノリしろにノリをつけ、台紙を閉じる。ノリが乾いてから台紙を開けば台紙の中央に牛が立ち上がります。

④台紙には中央線をさけて、あらかじめメッセージを書いておく。

完成図

型紙

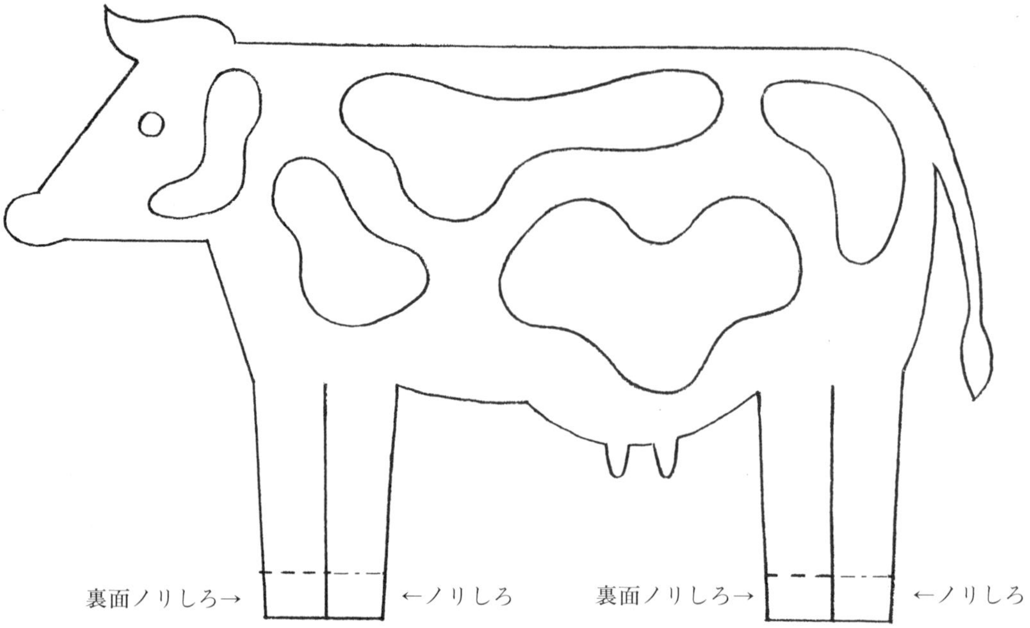

子・ね・鼠

寅・とら・虎

卯・う・兎

辰・たつ・竜

型紙

巳・み・蛇

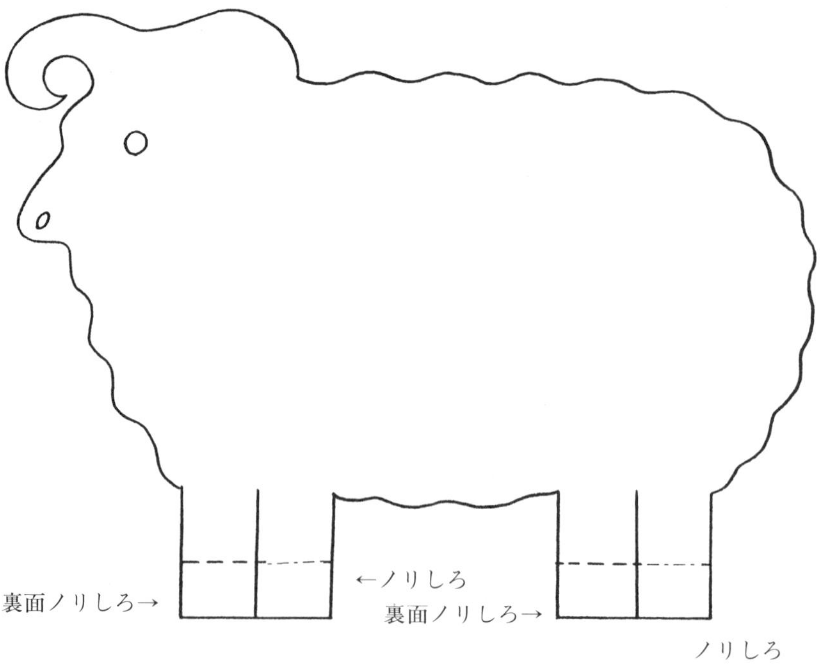

未・ひつじ・羊

午・うま・馬

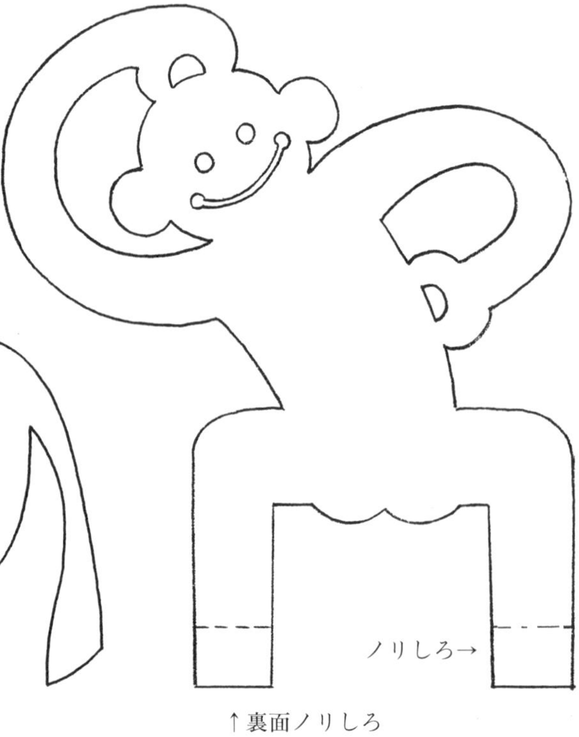

申・さる・猿

酉・とり・鶏

戌・いぬ・犬

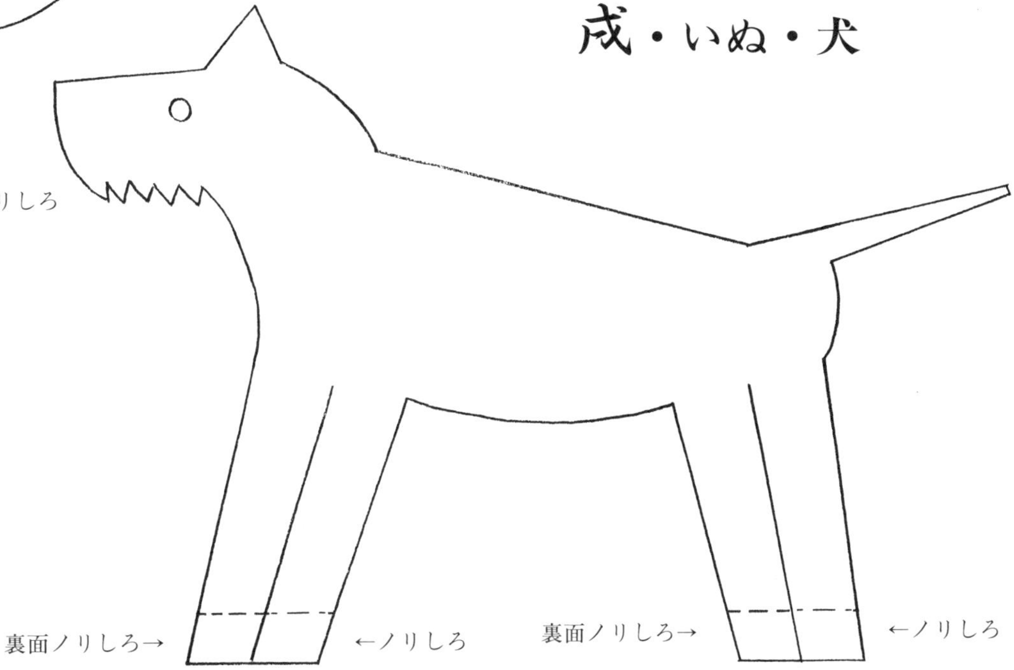

亥・い・猪

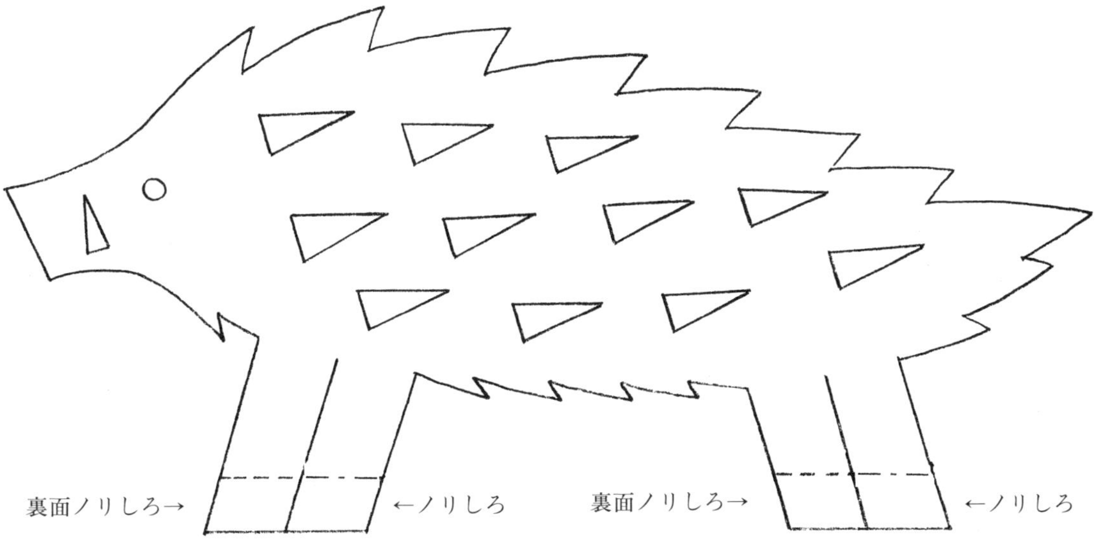

作り方

顔の切り出し

寅・とら・虎

①型紙の形に虎の顔（中厚の色紙21cm×15cmを二つ折り）を切り抜く。この時、紙の表を内側にして折る。

②図Aのように顔の左右の折り線に沿って顔を押し出す。

③図Bのように開いて、型紙の折り線に従って細部を折る。

※型紙の折り線は図Bの開いた時の折り指示です。

④もう一度閉じて折ぐせをつけて完成です。

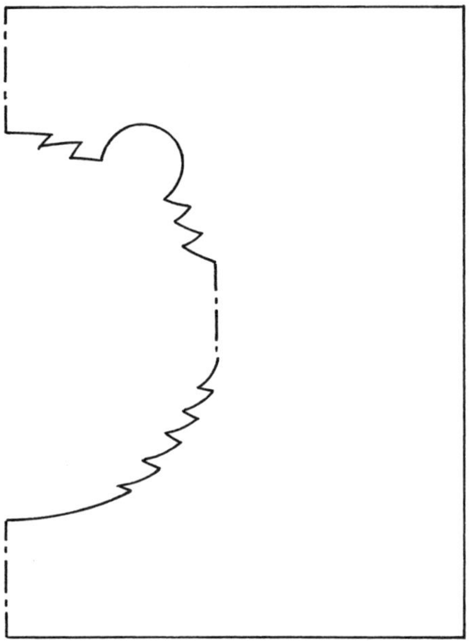

図A

図B

完成図

型紙

子・ね・鼠

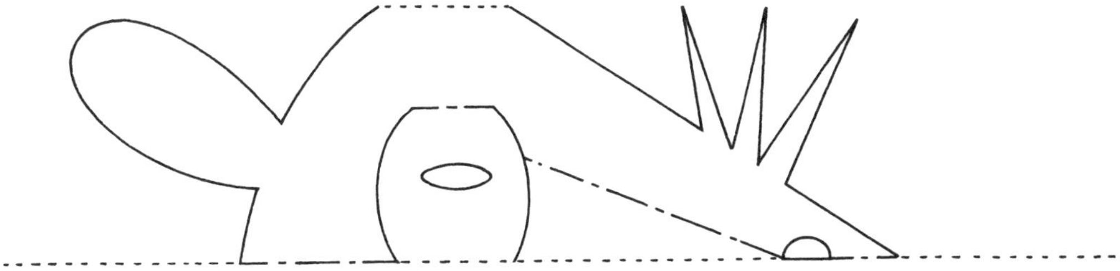

丑・うし・牛

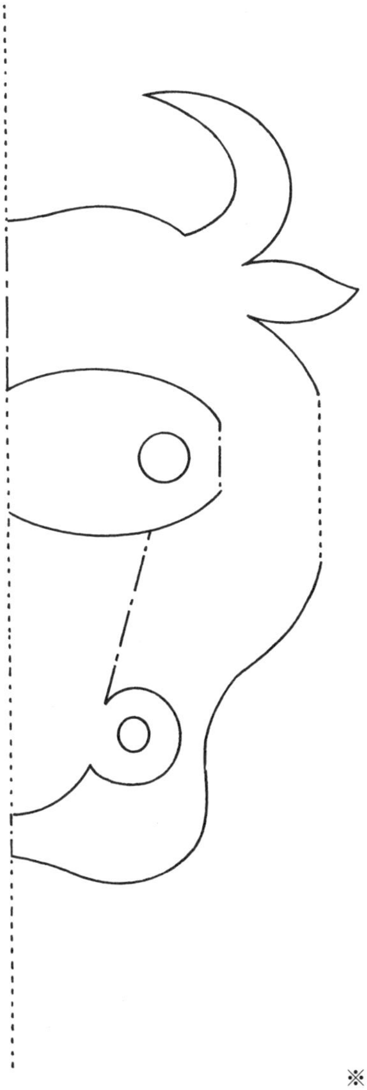

卯・う・兎

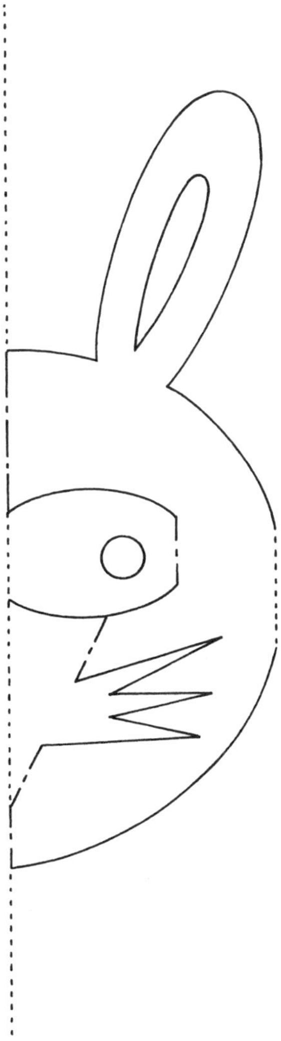

辰・たつ・竜

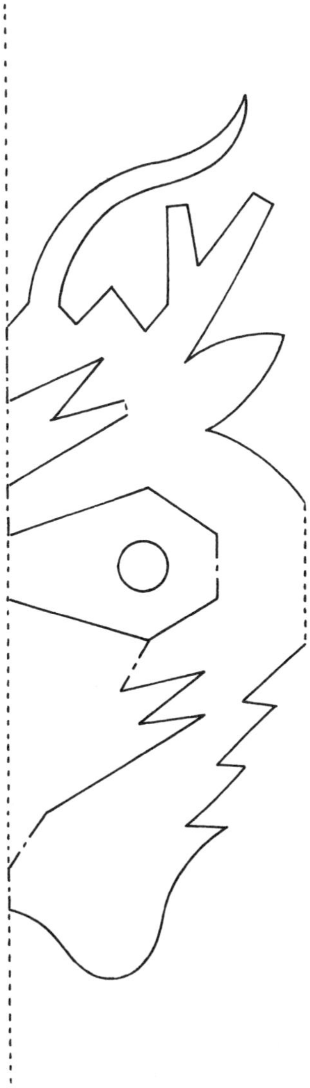

※型紙の折り線は作図Bの開いた状態での折り指示です。

型紙

巳・み・蛇

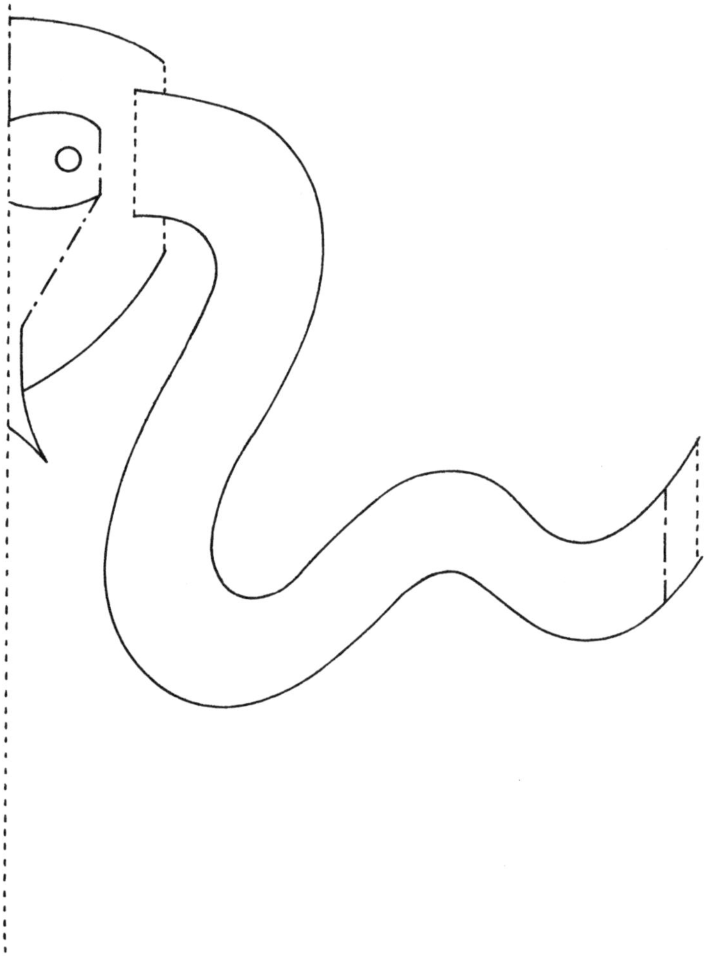

午・うま・馬

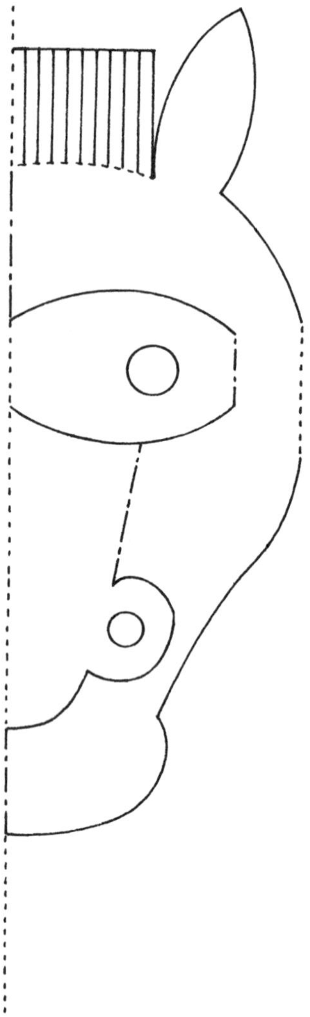

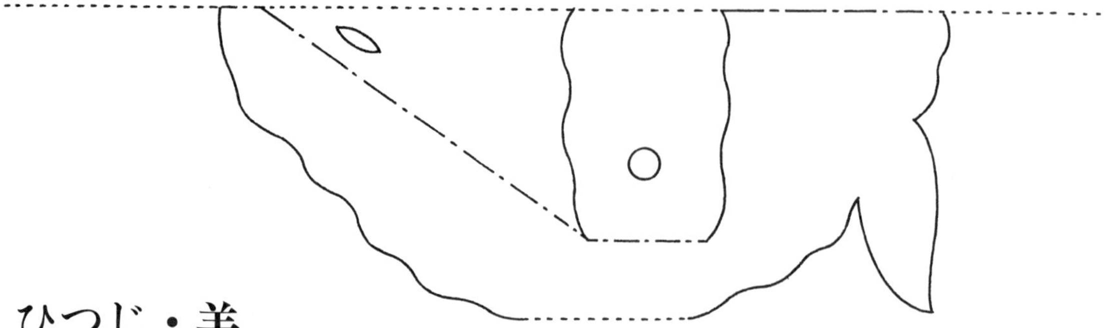

未・ひつじ・羊

※型紙の折り線は作図Ｂの開いた状態での折り指示です。

申・さる・猿

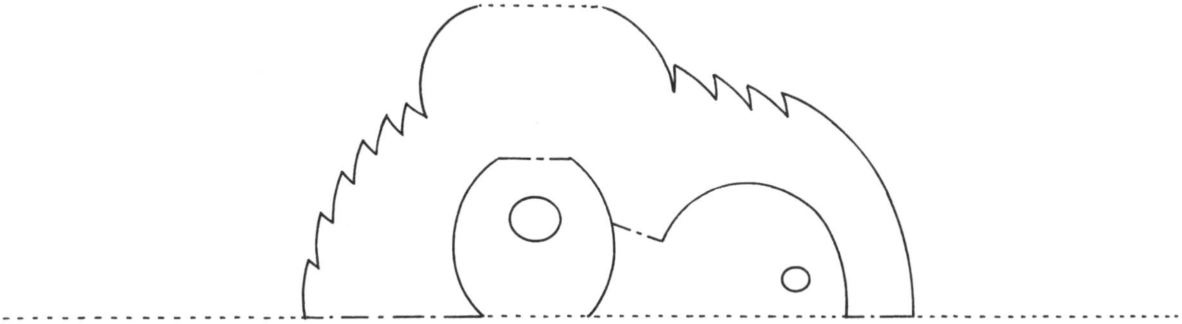

酉・とり・鶏

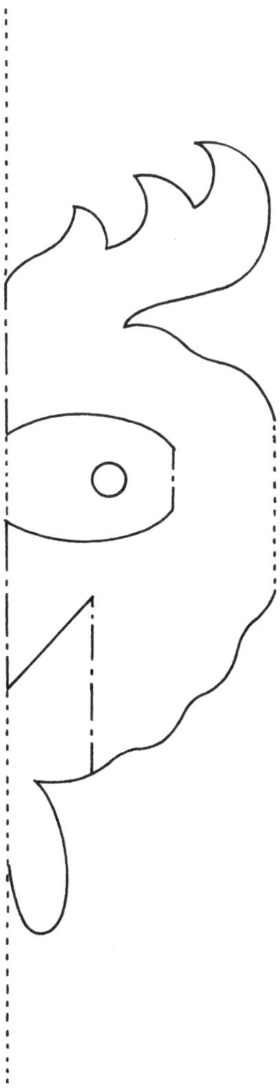

戌・いぬ・犬

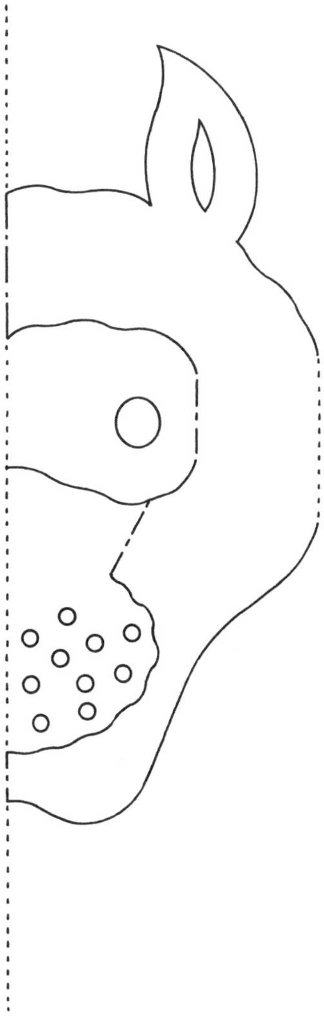

亥・い・猪

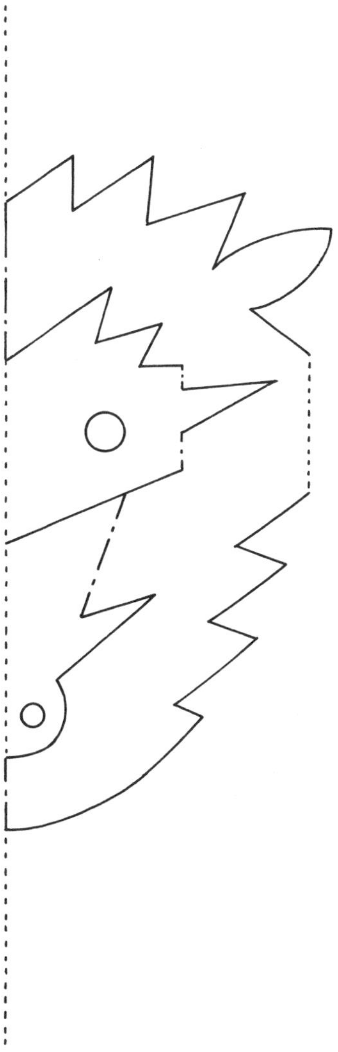

※型紙の折り線は作図Ｂの開いた状態での折り指示です。

作り方

顔のカード

卯・う・兎

①型紙の形に兎の顔（中厚の色紙21㎝×15㎝）を切り抜く。
②顔の左右の折り線で折り、裏側で差し込んでとめる。
③顔を作って、メッセージ用に顔の裏側に白い紙を貼って完成です。

※カラー図版を参考に目・髪・つの・ヒゲなど別な色紙を切り抜いて工夫して下さい。

※型紙は原寸を80%に縮小してあります。

完成図

型紙

子・ね・鼠

辰・たつ・竜

丑・うし・牛

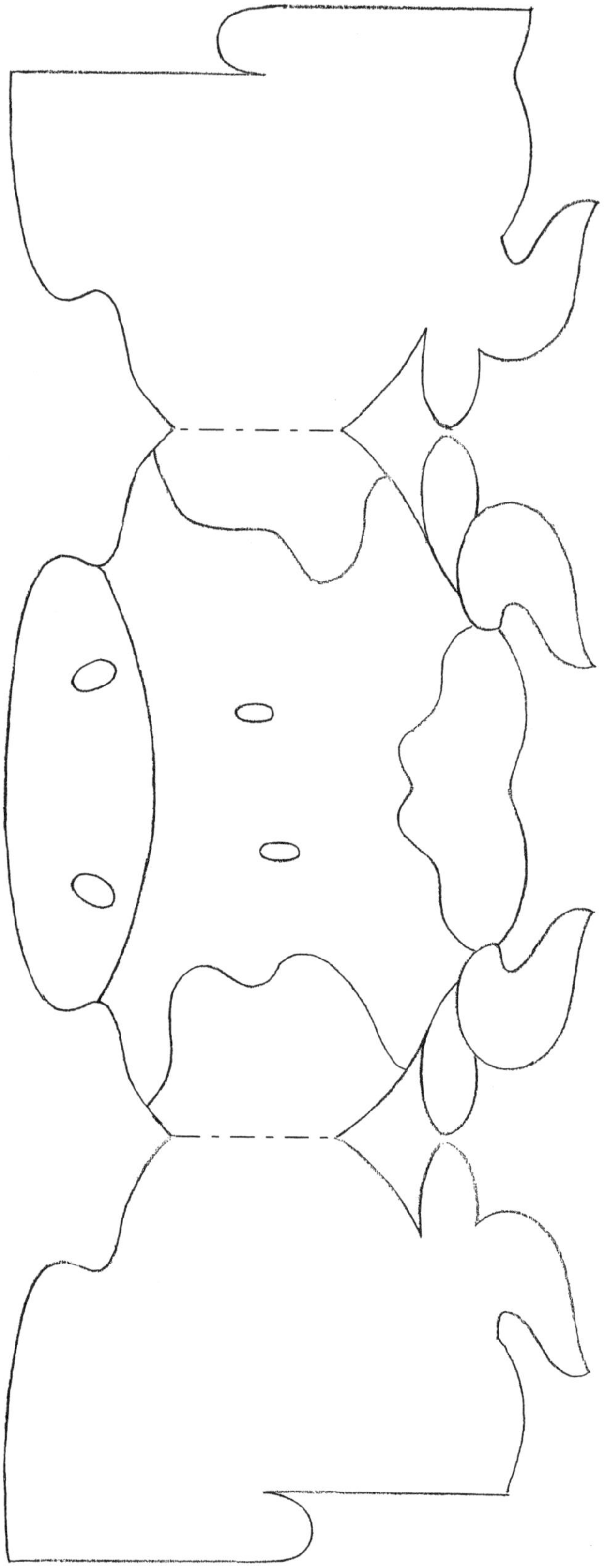

寅・とら・虎

巳・み・蛇

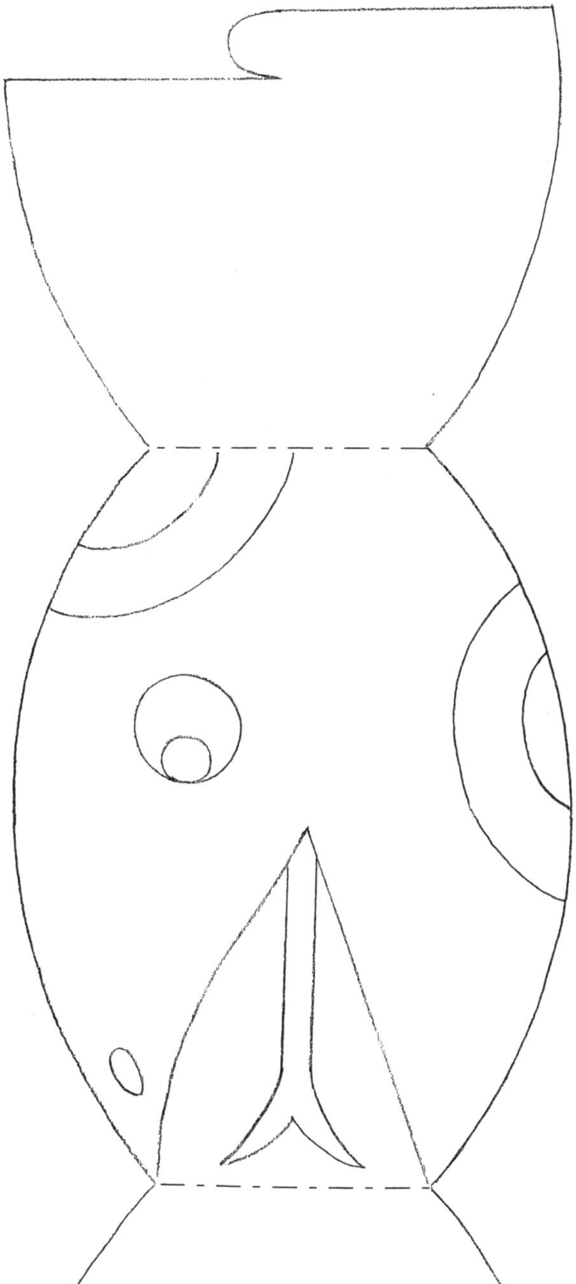

午・うま・馬

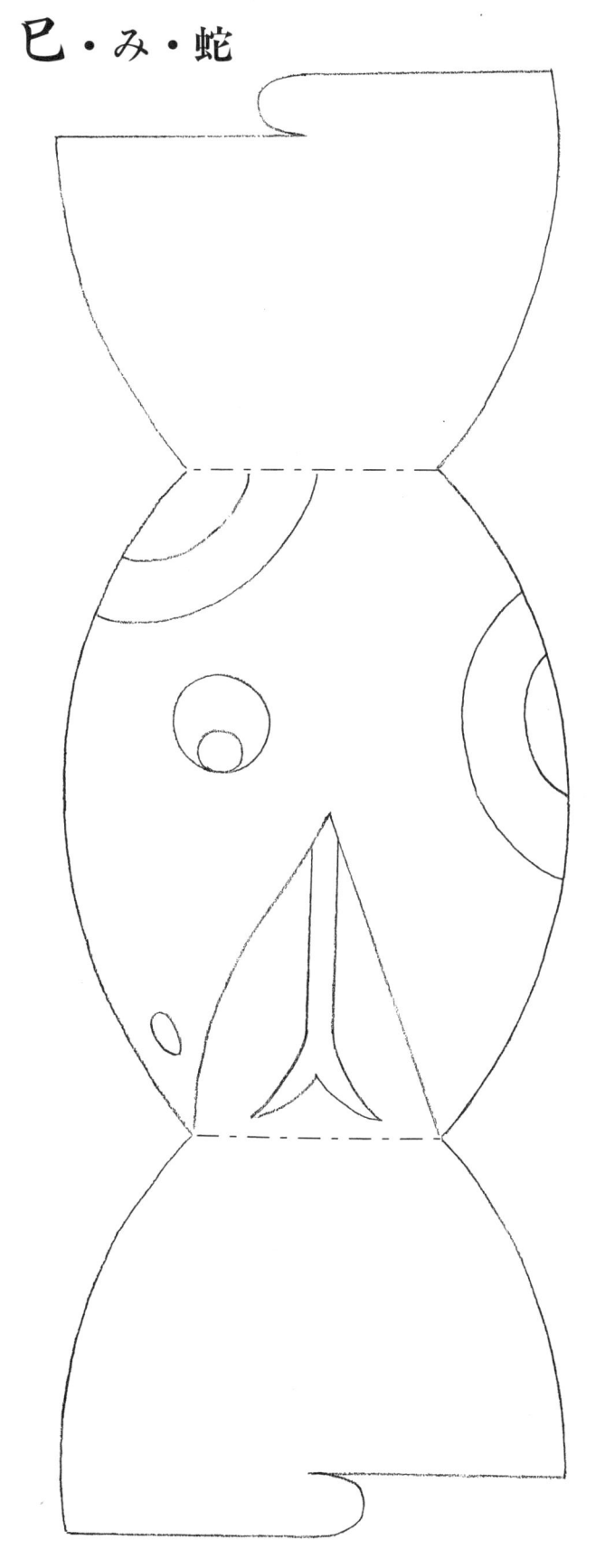

型紙

未・ひつじ・羊

申・さる・猿

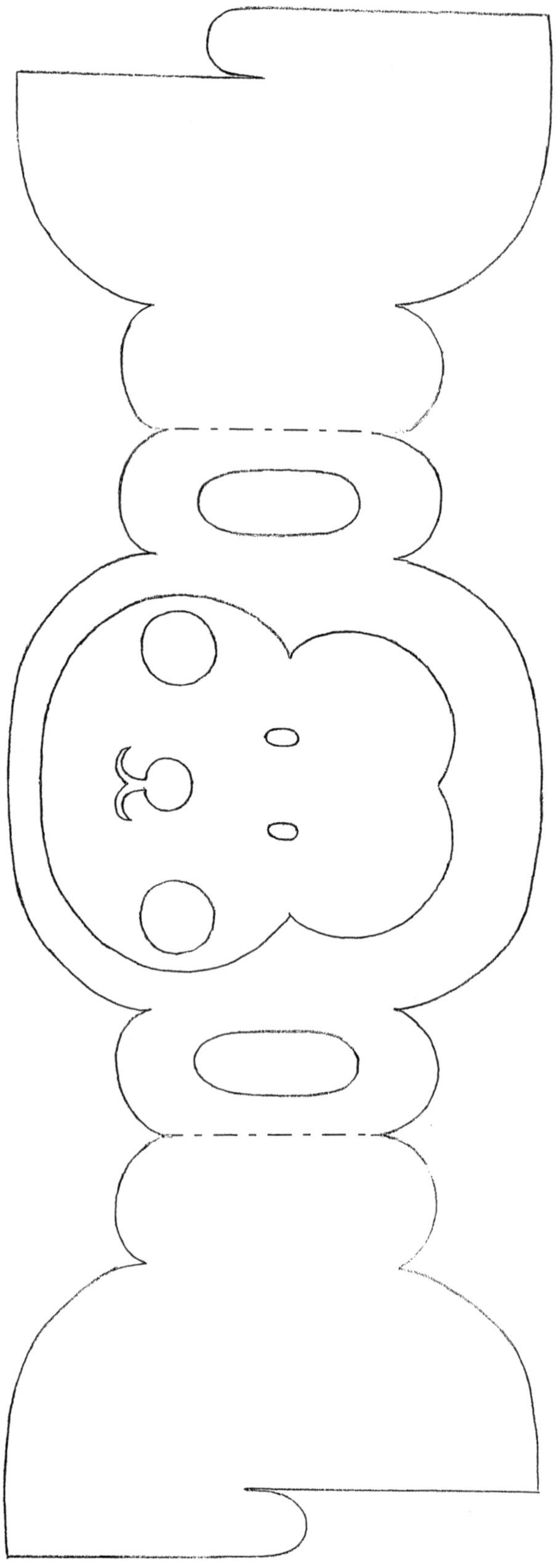

酉・とり・鶏

戌・いぬ・犬

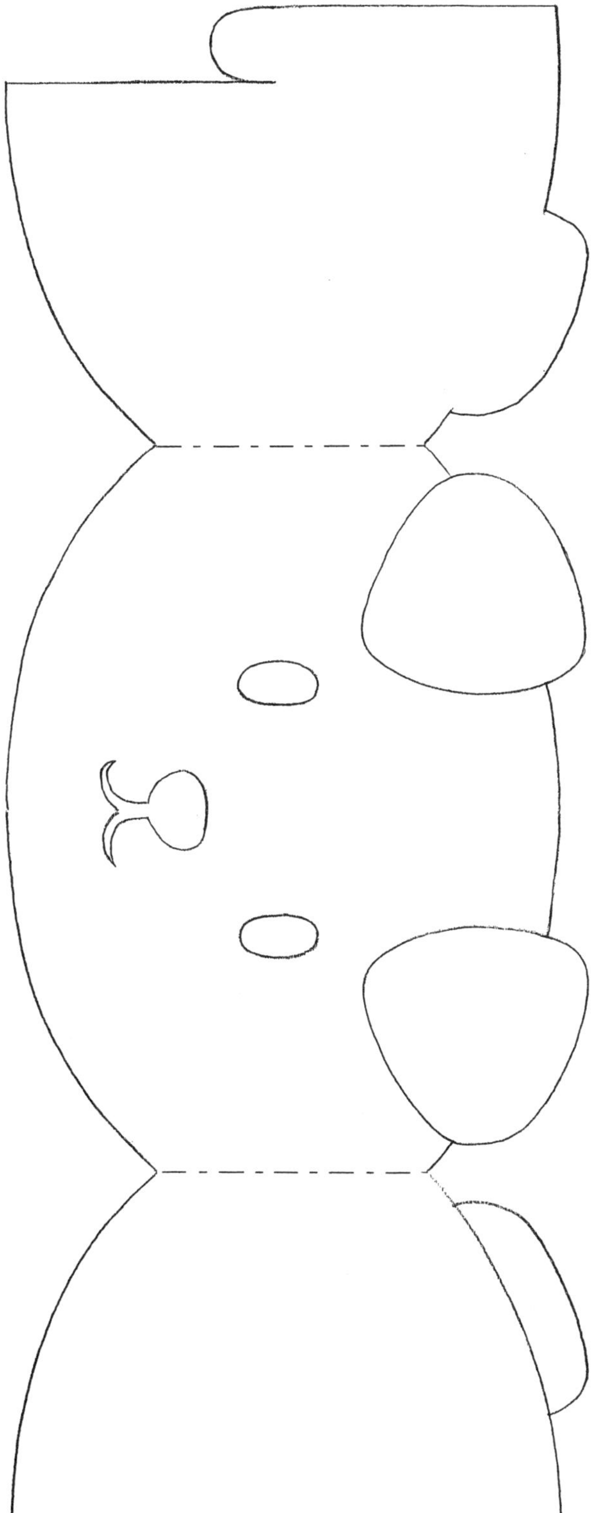

型紙

亥・い・猪

作り方

引くと飛び出す仕掛け

子・ね・鼠

①型紙の形にチーズ（中厚の色紙）、ねずみ（中厚の色紙）、仕掛けの帯（中厚）を切り抜き、折り線を入れる。チーズのつまみの部分は裏貼りをして補強する。
②台紙（21cm×15cmを二つ折り）を用意し、仕掛けの帯を台紙の下半分、中心より１cm上の位置に貼る。
③仕掛けの帯を右側に倒し、ねずみの尻の部分をノリ付けする。貼り位置は折り線の左側の三角の端に貼る。
④仕掛けの帯を左側に倒し、Ａの部分でチーズを貼る。貼り位置はチーズがほぼ中央にくるように貼る。
⑤つまみの矢印と背景を描いて完成です。

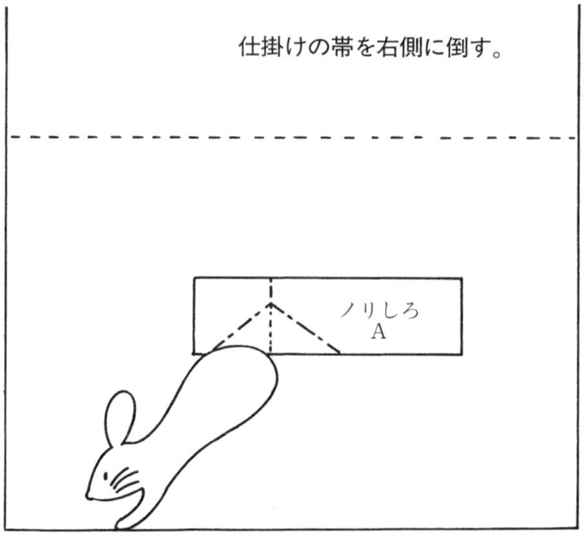
仕掛けの帯を右側に倒す。
ノリしろ
A

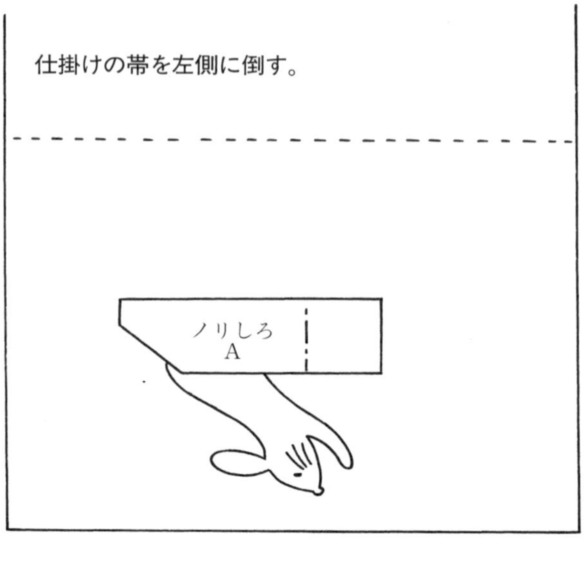
仕掛けの帯を左側に倒す。
ノリしろ
A

型紙

チーズ

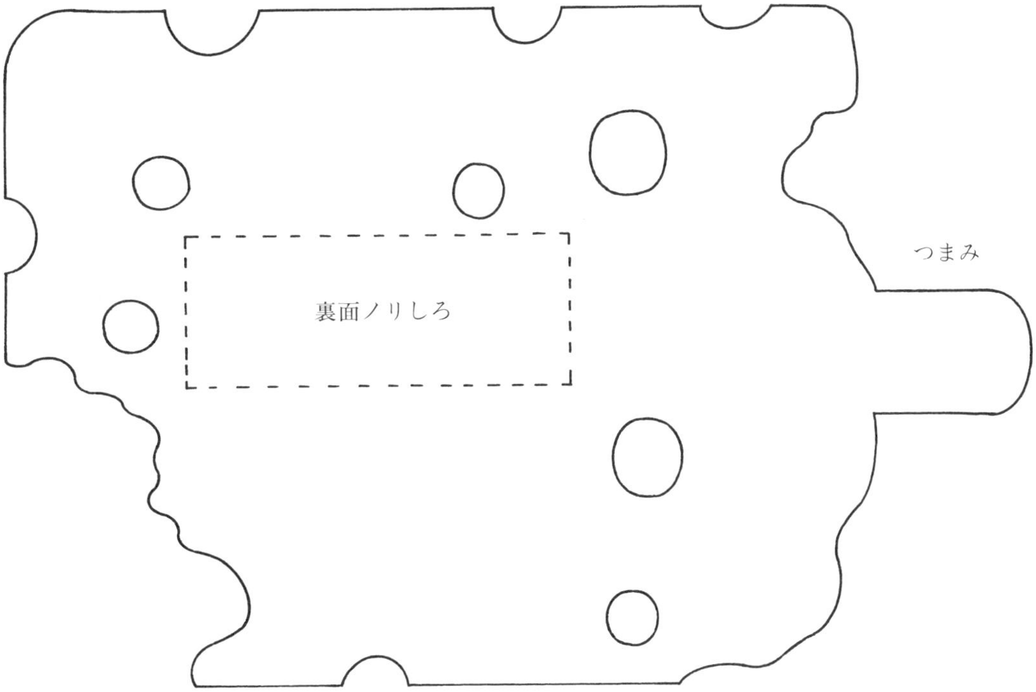

仕掛けの帯

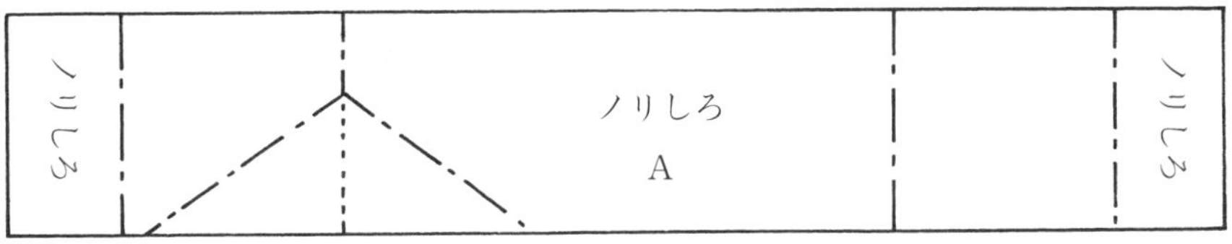

完成図

作り方

口の仕掛け

辰・たつ・竜

①型紙の形に竜（中厚の色紙）、口-上あごと下あご（中厚の色紙二つ折り）、舌（中厚の色紙）を切り抜き、折り線にそって折り込む。

②台紙（21cm×15cmを二つ折り）を用意し、竜の頭全体を台紙の中心よりやや上の位置に貼る。この時、顔の折り線と台紙の中心線が重なるように貼る。はみだした首の右側は台紙にそって切る。

③上あごと下あごのノリしろにノリをつけ、aの線を台紙の中央線にそって図のように下側を貼り、上側のノリしろにノリをつけ台紙を閉じて上側も貼る。この時、舌も同時に貼る。目を作って出来上がり。

完成図

型紙

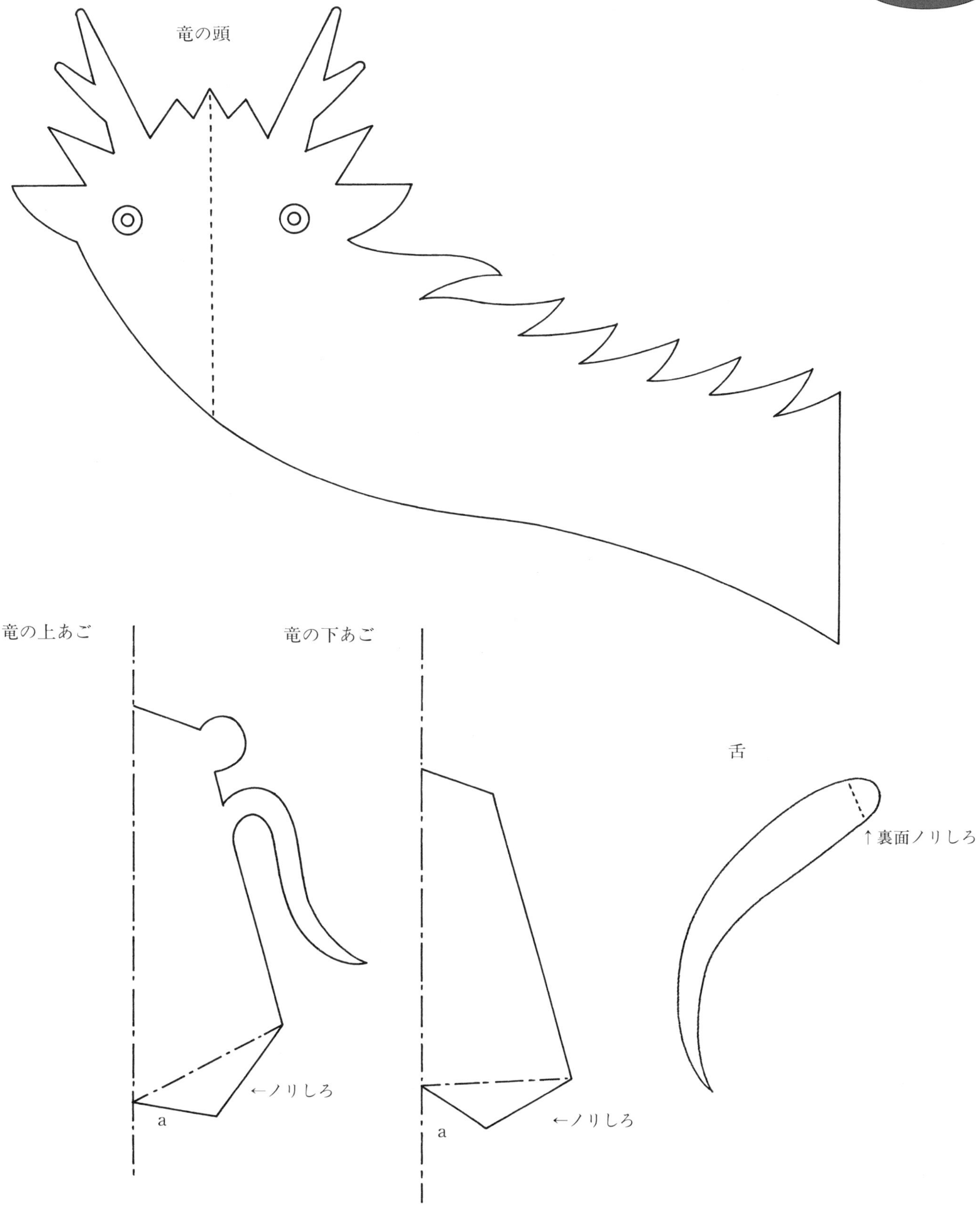

上下のあごは色紙を二つ折りにしてそれぞれ切り抜く。

作り方

口の仕掛け

寅・とら・虎

①型紙の形に虎の顔（色紙）、舌（色紙）を切り抜く。
※虎の顔は顔の絵柄を描いてあり、切り込みは入れない。切り込みと折りは口の部分だけ。
②虎の顔を作る。描いても、色紙を貼っても良い。口の中の赤は口よりひとまわり大きな長方形（9㎝×6㎝、型紙無し）を切り抜く。
③口の両サイドと歯のギザギザに切り込みを入れる。折り線にそって折り込む。図A
④台紙（21㎝×15㎝を二つ折り）を用意し、口の中の赤を台紙の中心より下の口の位置に貼る。
⑤虎の顔を二つ折りにし、図Bのように顔の半分を折り線と台紙の中心線が重なり、口の位置が口の赤の上に重なるように貼る。舌は台紙の中央線に寄せて少し上向きに置き、二つ折りの状態で貼る。
⑥顔は口の部分━図Aを除いて全体にノリ付けし、舌はノリしろにノリをつけ、台紙を閉じて貼る。

図A　口の部分の切り込みと折りの指定。

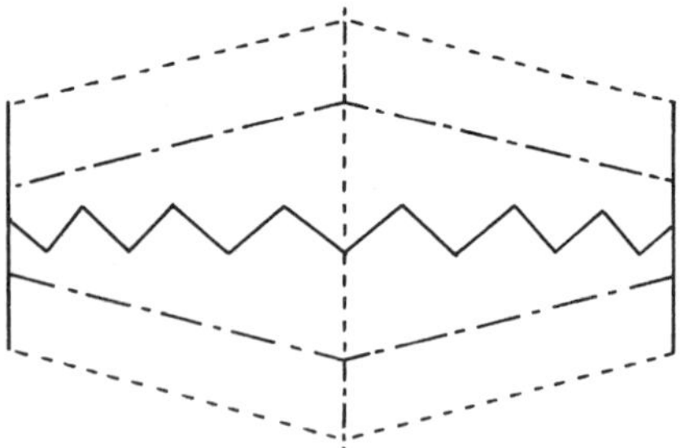

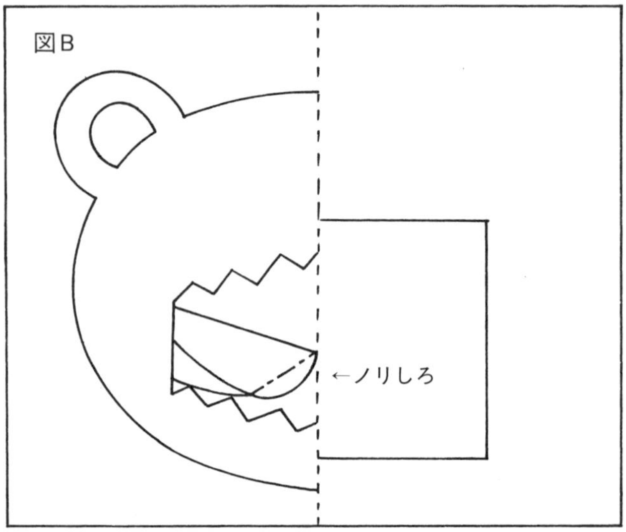

型紙

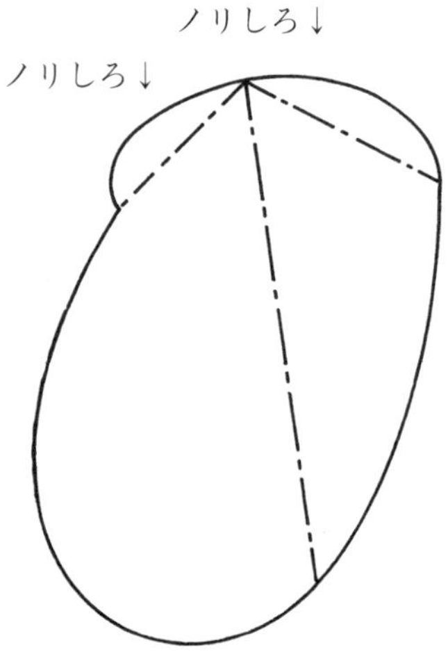

アクリルを使った仕掛け

卯・う・兎

①型紙の形にうさぎ(色紙)、草むら(中厚の色紙)、仕掛け(中厚の紙とアクリル)を切り抜く。折り線にそって折り込む。
②台紙(21cm×15cmを二つ折り)を用意し、仕掛けのタテの中心線を台紙の中心線に重ねて貼る。
③アクリルの上部に兎を貼り、下部は仕掛けの内側に貼る。この時アクリルは台紙の中心線と平行に貼る。
④草むらのA(左端から折り線まで)、B(右端から折り線まで)の部分を台紙にベタ貼りする。
台紙を閉じると兎が草むらにかくれ、開くと飛び出します。兎の顔を描き、雲を作って完成です。

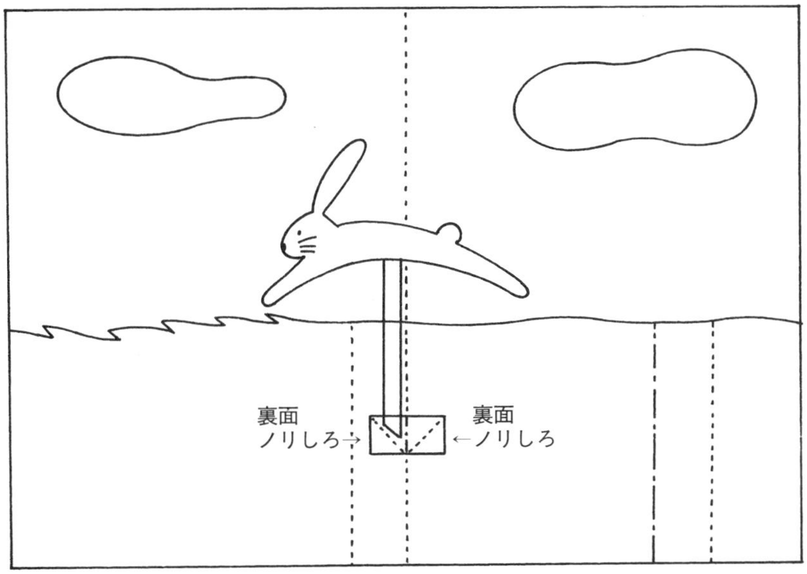

型紙

うさぎ

アクリル

仕掛け

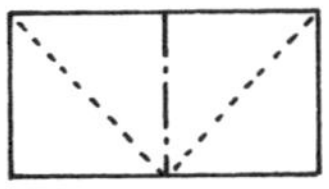

草むら

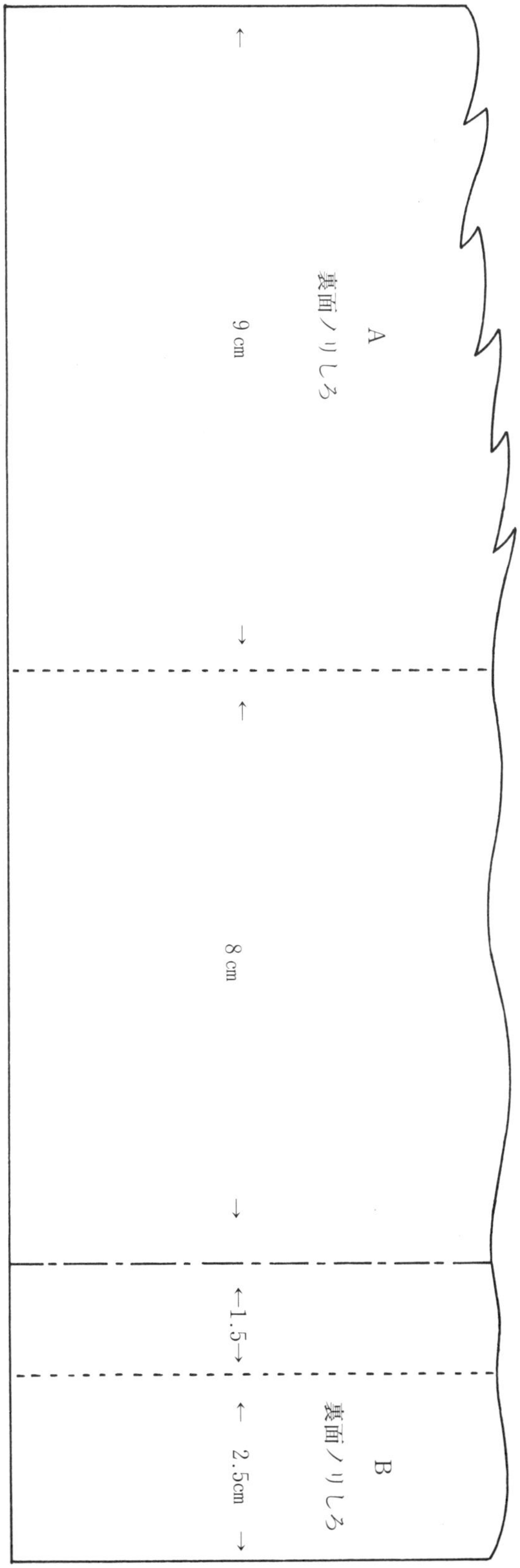

作り方

うず巻を使った仕掛け

巳・み・蛇

①型紙の形に蛇（中厚の色紙）を切り抜く。作品（10ページ）のように身体の表と裏の両面に模様を入れ、さらに顔を作る。
先に模様を貼っておいて切り抜くときれいにできる。
②台紙（21cm×15cmを二つ折り）を用意し、台紙の左側に蛇を置き、頭の裏の部分を台紙にノリ付けする。
③しっぽの先の部分に上からノリをつけ、台紙を閉じる。ノリがはみださないように注意する。
ノリが乾いてから台紙を開けばクルクル蛇が完成です。

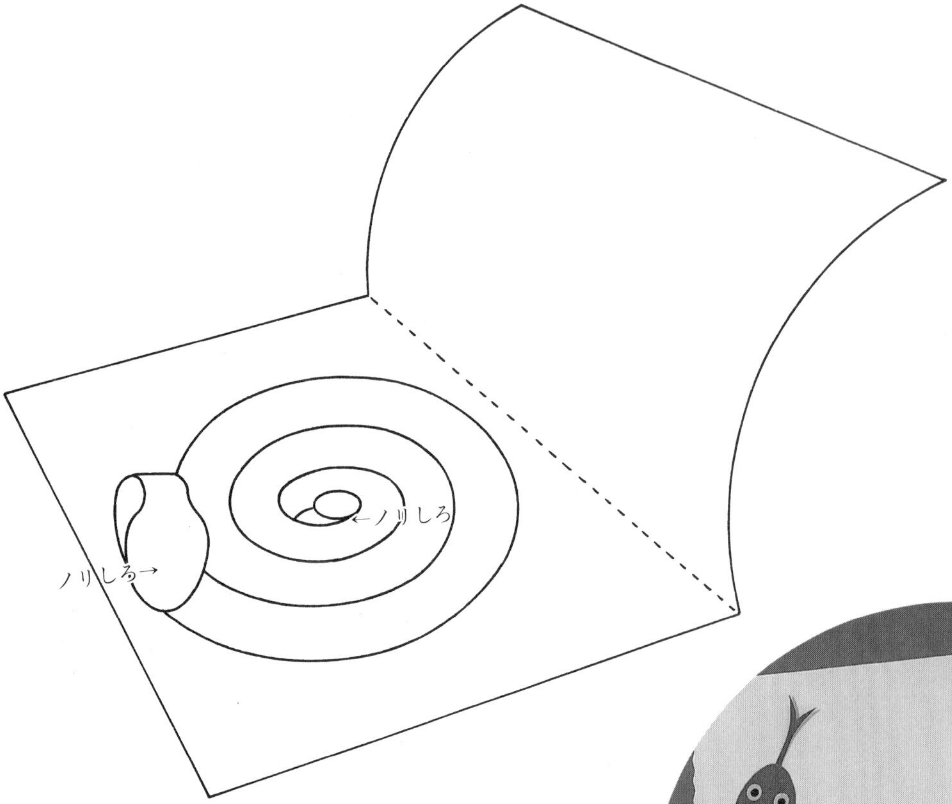

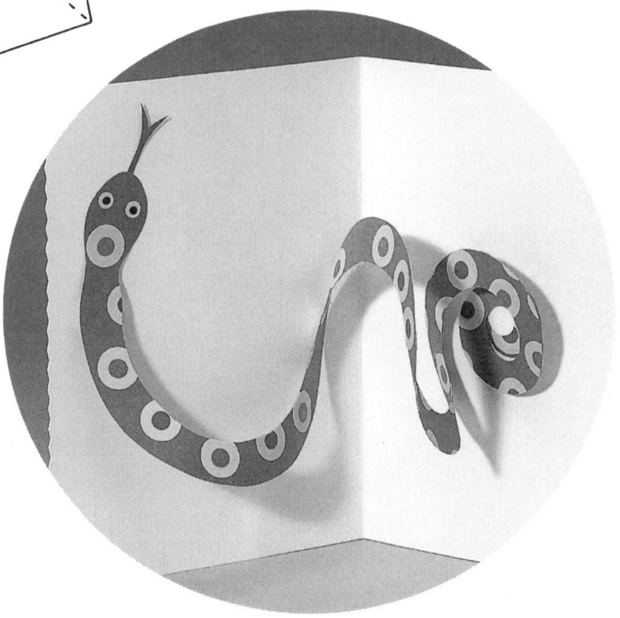

完成図

くるくるヘビ

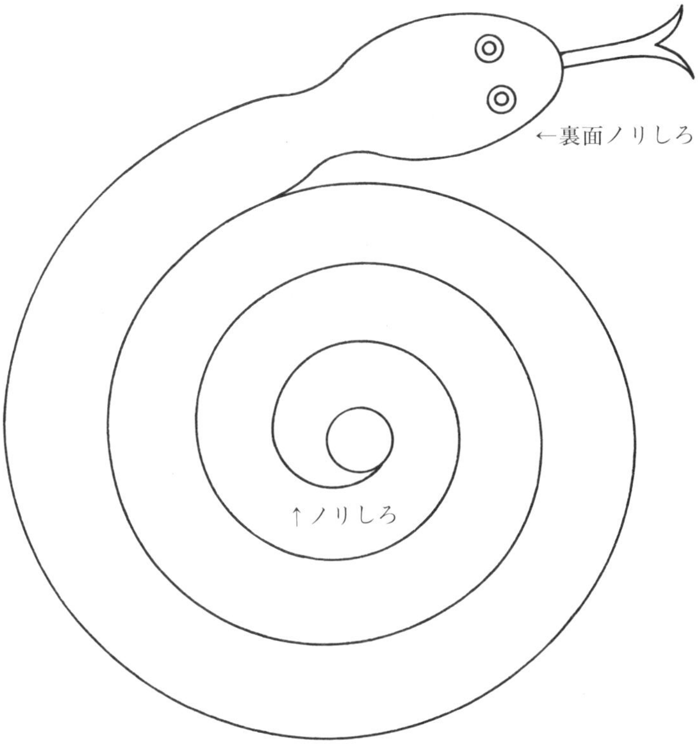

変型
くねくねヘビ

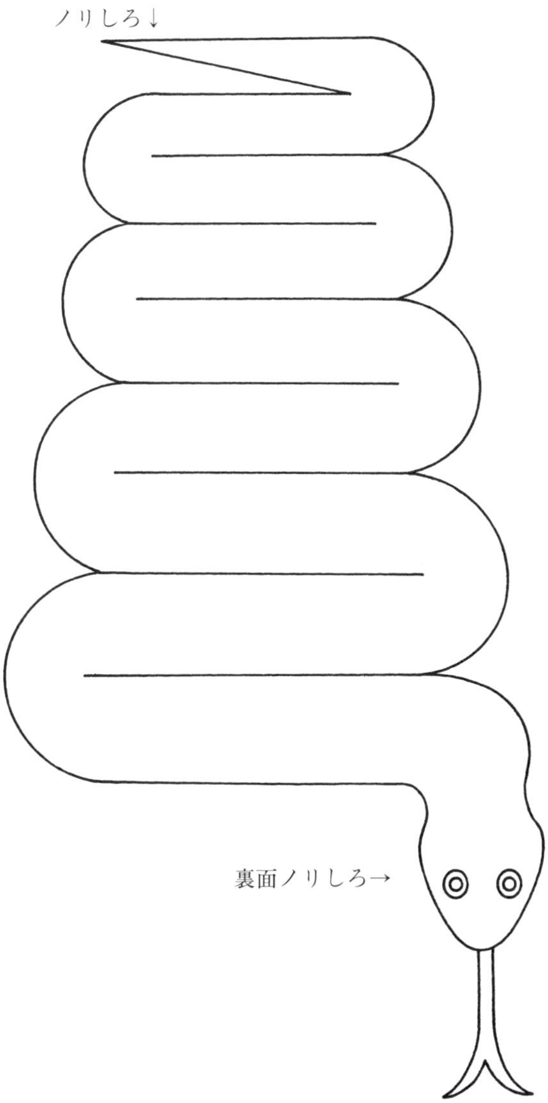

完成図

作り方

開くと顔をあげる仕掛け

午・うま・馬

①型紙の形に馬の胴体(中厚の色紙)、頭(中厚の色紙)を切り抜く。折り線にそって折り込む。
②台紙（21cm×15cmを二つ折り）を用意し、馬の胴体の折り線より右の部分を台紙に貼る。この時、台紙の中心線より1cm右に馬の胴体の折り線がくるように貼る。
③図Aのように馬が首を上げた状態の位置で首を胴体に貼る（ノリしろA）。B図参照。
④図Cのように首の折り線を折り込み、ノリしろBの裏面にノリをつけ台紙を閉じて貼る。
⑤完成図のように背景を作り、馬に草を食べさせて完成です。

図A

図B

首は型紙を裏面にしたもので、折り線の表示は逆になります。

図C

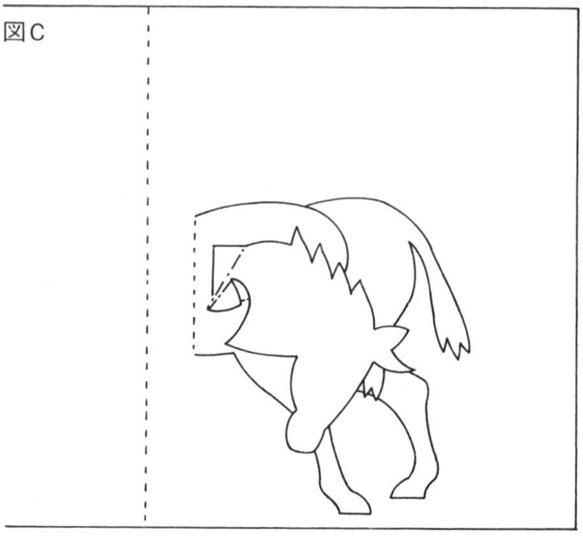

完成図

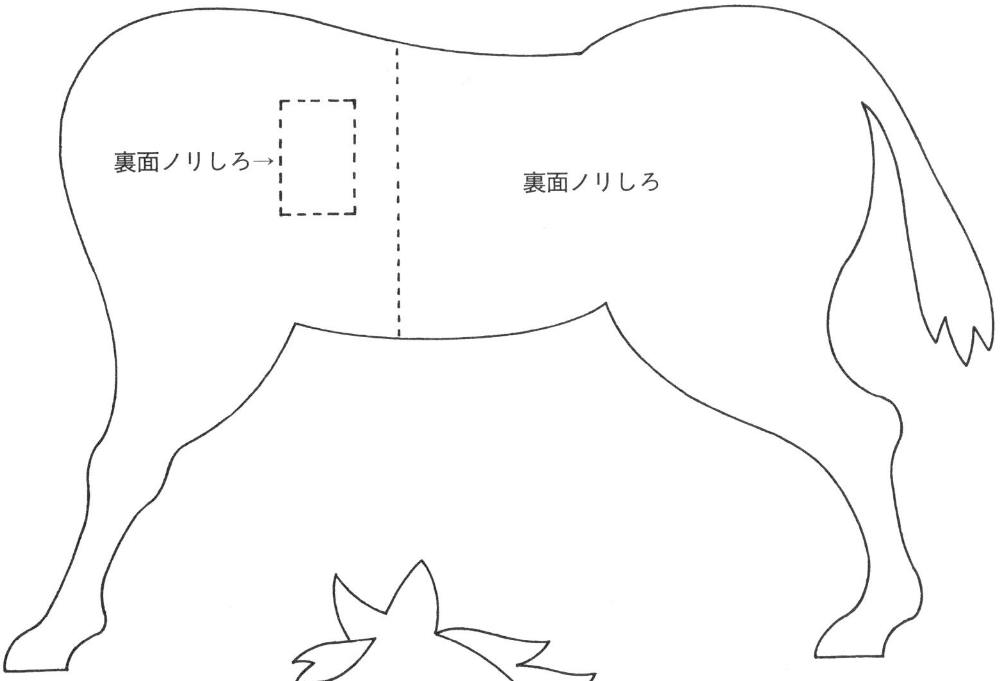
裏面ノリしろ→
裏面ノリしろ

A
B
↑裏面ノリしろ
↑ノリしろ

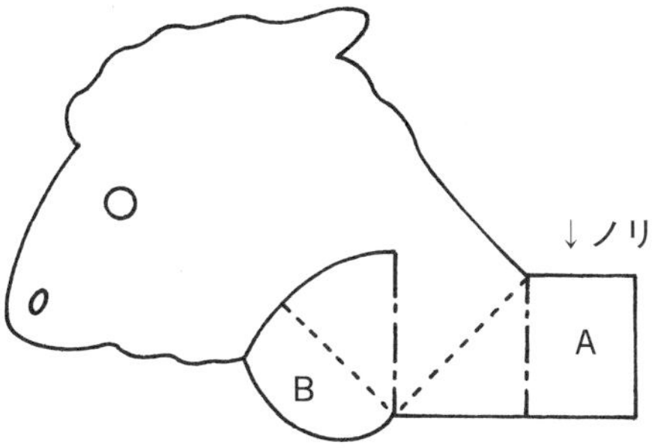
↓ノリしろ
A
B
↑裏面ノリしろ

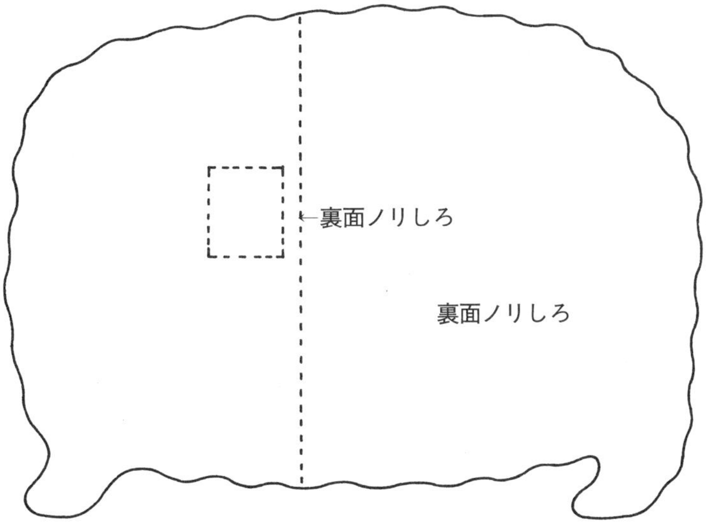
←裏面ノリしろ
裏面ノリしろ

作り方

開くと立ち上がる仕掛け

申・さる・猿

①型紙の形に猿（中厚の色紙二つ折り）を切り抜く。顔、尻の部分も別な色紙で切り抜く。
②さるの形に開き、顔と尻を貼り、目と口を描く。図A
③台紙（21cm×15cmを二つ折り）を用意し、図Bのように二つ折りにして下側の足の裏を台紙に貼り、上側の足の裏にノリをつけ台紙を閉じて貼る。
この時、足のかかとが台紙の中心線より１cmぐらい上にくるように貼る。
④作品（13ページ）のようにあらかじめ台紙に木の枝などを貼っておくと感じが出ます。

図A

図B

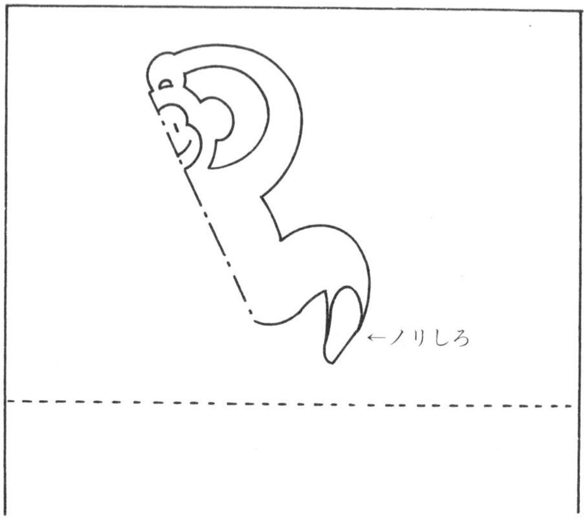

型紙

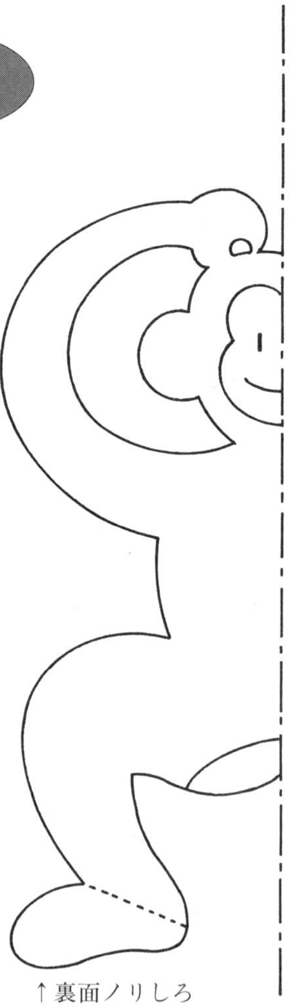

完成図

作り方

羽ばたく仕掛け

酉・とり・鶏

①台紙（21cm×15cmを二つ折り）を用意し、台紙の中心線にそって型紙のように鶏を切り抜き、さらに折り込む。この時、谷折りと山折りに注意して折る。

②とさか、くちばし、足を描き（貼り）、さらに背景を作る。(14ページ参照)

③台紙を開閉すると鶏が飛び立ちます。

型紙

完成図

作り方

建物が立ち上がる仕掛け

戌・いぬ・犬

①型紙の形に犬（中厚の色紙二つ折り）、犬小屋の屋根（中厚の色紙二つ折り）、犬小屋の側面を切り抜く。この時、犬はA—鼻で、屋根はA—上部でつながるように切り抜く。
折り線にそって折り込む。
②犬小屋の側面を筒状に貼り、屋根のノリしろを差し込んで貼る。犬も後でノリ付けする（片方のノリしろは切り取る）。
③台紙（26cm×15cmを二つ折り）を用意し、A図のように犬が小屋から顔を出している形にして置く。この時、犬は小屋の壁と壁の真に入れる（B図参照）。犬と小屋のノリしろ（裏側）にノリをつけ台紙に貼る。
さらに、表側のノリしろにノリをつけ台紙を閉じてノリ付けする。ノリが乾いてから台紙を開くと犬小屋と犬が立ち上がります。
④作品（15ページ）のようにあらかじめ台紙に芝生を貼っておくとより感じが出ます。

A図

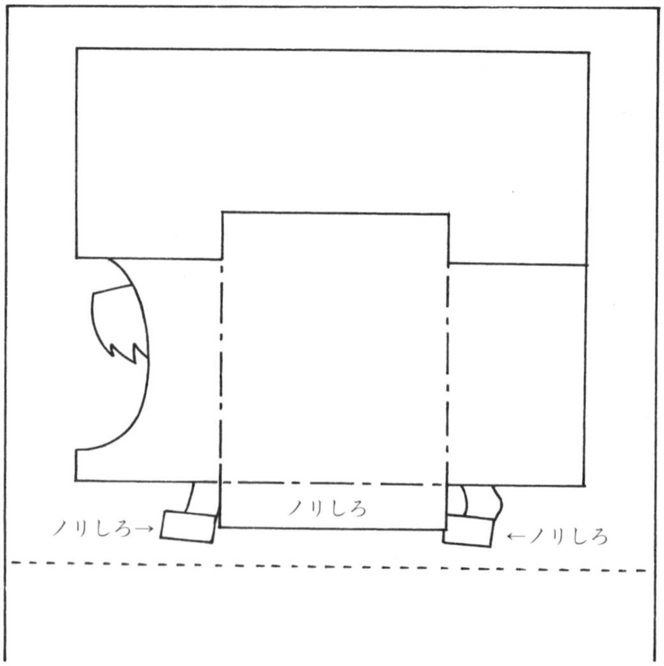

B図

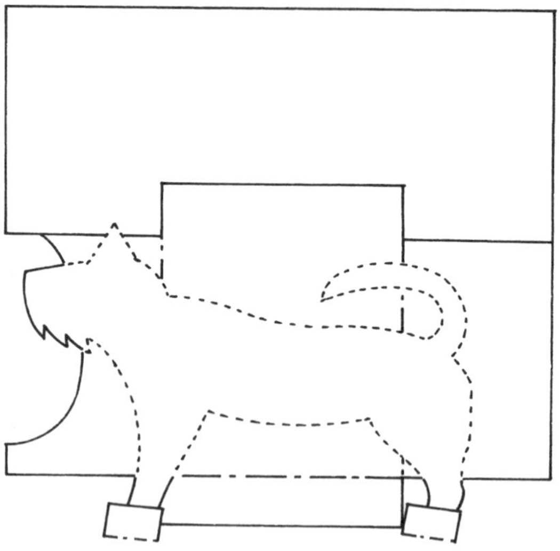

完成図

型紙

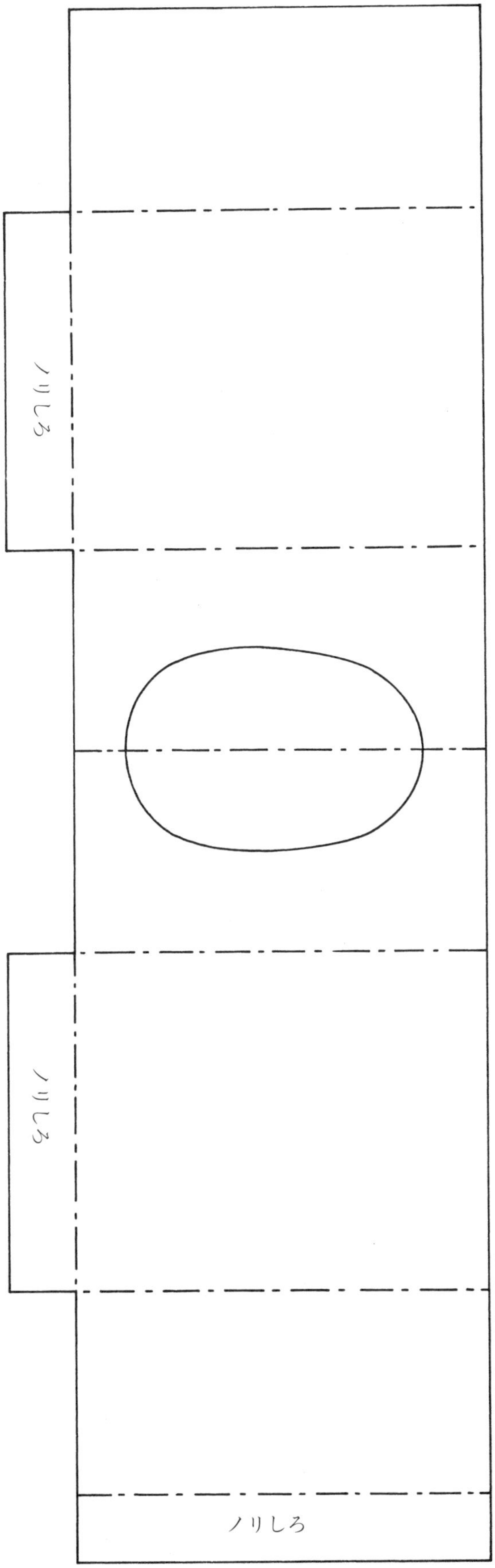

犬小屋側面

犬小屋屋根

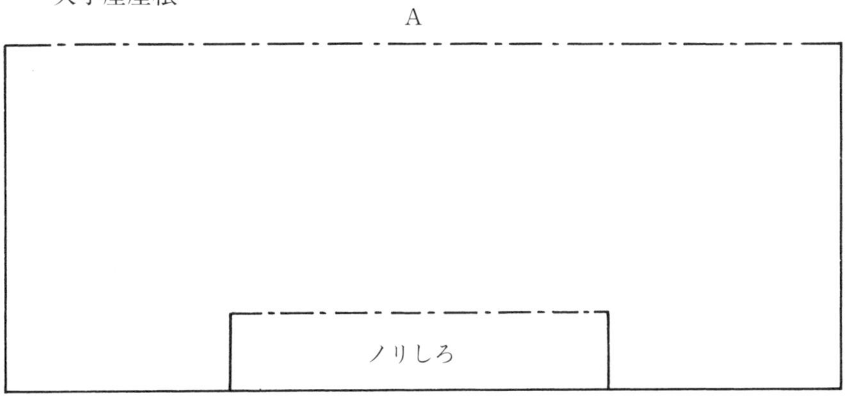

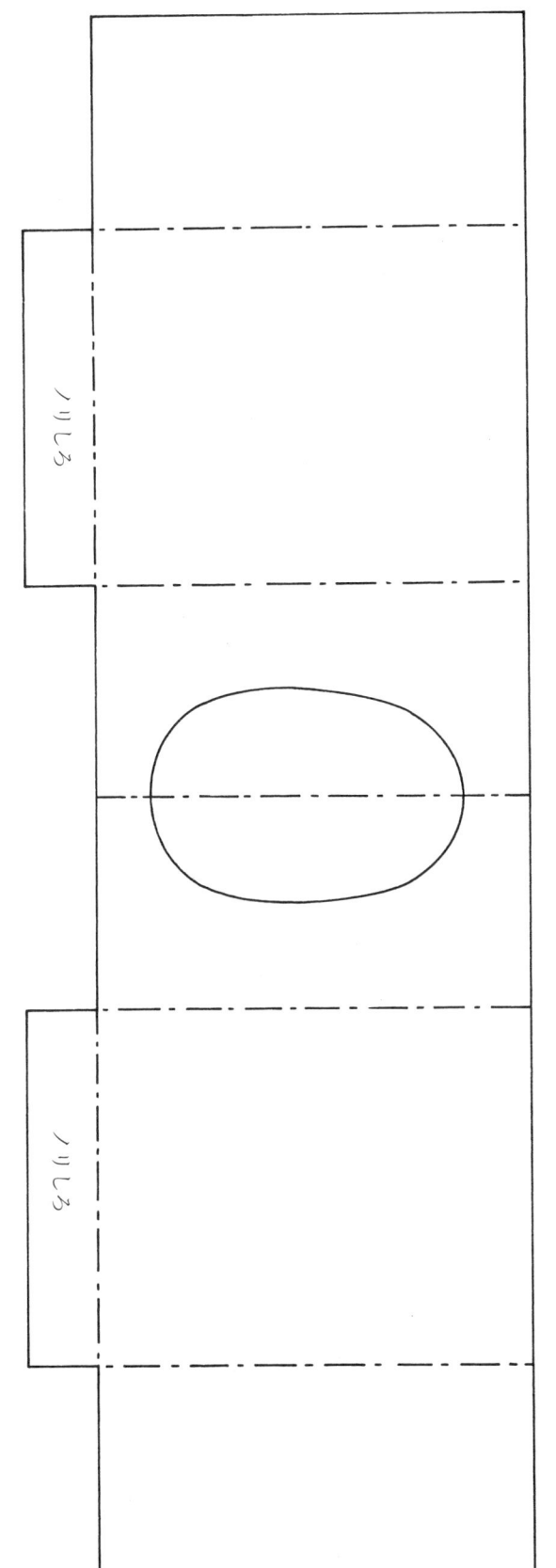

作り方

ジャバラの仕掛け

亥・い・猪

①型紙の形に猪（中厚の色紙二枚重ね）を切り抜く（A図)。身体の部分は型紙に従ってジャバラに折る。

②台紙（21cm×15cmを二つ折り）を用意し、二つの顔の切り込みを差し込み（B図)、後足をノリしろとして台紙に貼る。顔を作って完成です。

③作品（16ページ）のようにあらかじめ台紙に背景を描いておくと感じが出ます。

A図

B図

型紙

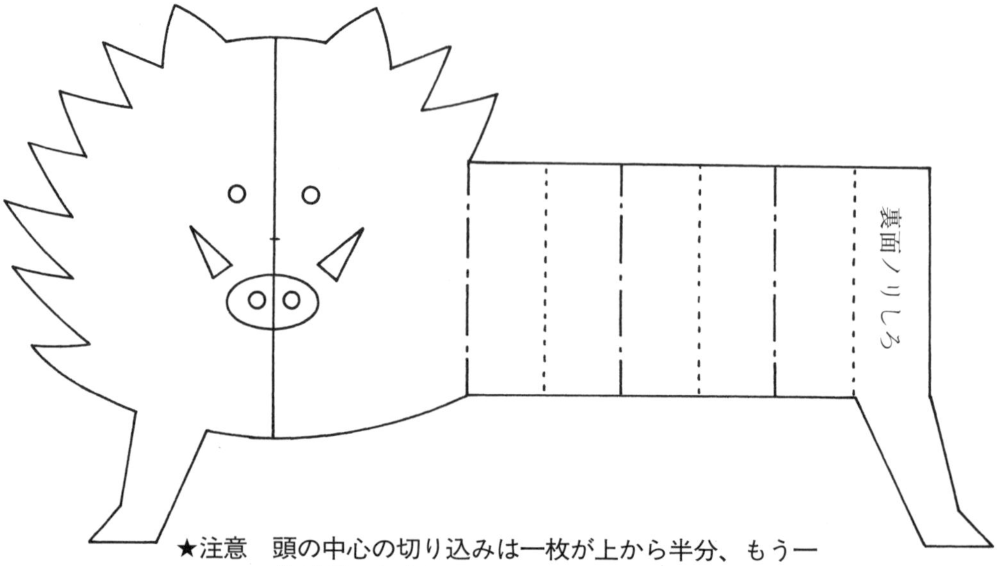

★注意　頭の中心の切り込みは一枚が上から半分、もう一枚が下から半分の切り込みを入れる。

絵文字 ♥ かな

12の干支を絵文字にデザインしました。掲載の型紙にそって、色紙や布を切り抜いたり、版画の下絵に使っておしゃれな年賀状を作ってみましょう。

ね

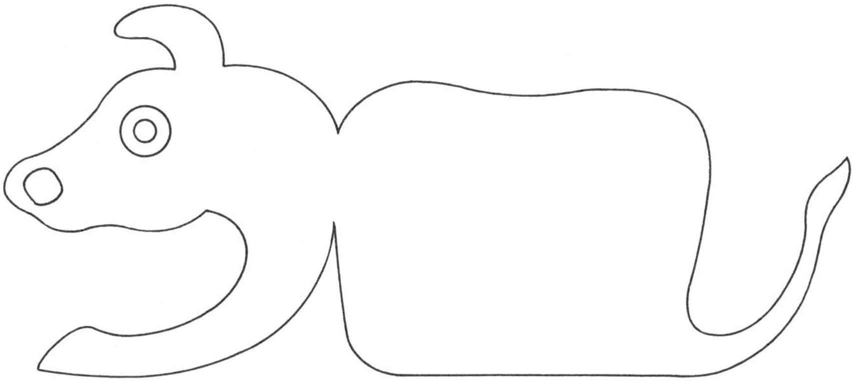

うし

う

とら

たつ

み

うま

ひつじ

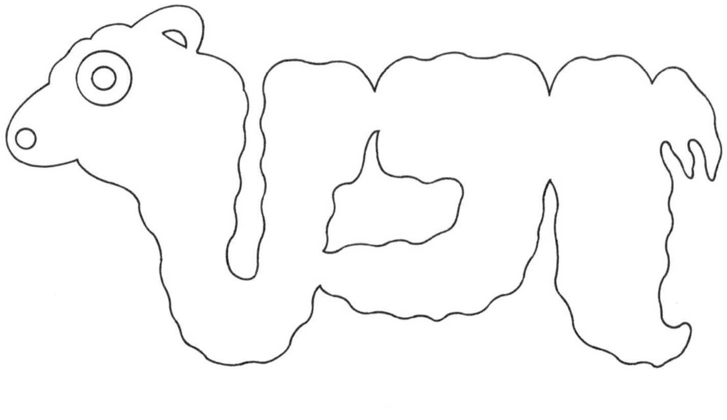

さる

いぬ

とり

い

年賀状素材として

あけまして
おめでと卯《う》
ございます。

夢に向って
トライ
トライ
寅《トラ》イ!!

本年もよろしく
おねがいも丑《うし》ます。

新しい春だ子《ね》

初春や
未《ひつじ》がウメェ〜と
おせち褒め

本年も午《うま》く
いきますように!!

巳《み》んなの幸せ
祈ります。

今年こそ!
やる気満々
ふるい辰《たつ》!!

亥《い》の一番に幸せが
届きますように!!

戌《いぬ》年だから
ワンダフルな年に
したいですね。

酉《とり》あえず元気で
コケッコーな年で
ありますように!!

昨年にま申《さる》
良い年で
ありますように!!

著者　**菊地　清**（きくちきよし）

鶴岡市に生まれる。
ポップアップのグリーティングカードのデザインは500を越えるほか、切り絵やコラージュ、オブジェなど多彩なペーパーアートを創作、本著を含めて3冊の本にまとめる（大日本絵画）。絵本に『俳句えほん』『指文字あそびあいうえお』（あすなろ書房）『サンタのおまじない』（冨川房）『もじもじぴったり』（佼成出版社）『点字どうぶつえん』（同友館）『消えてしまったことばたち』（木馬書館）『ひらがなどうぶつえん』（小峰書房）などがある。
現住所＝福島県岩瀬郡鏡石町久来石南488

制作図／小川和政
撮影／真島　香
編集／わく はじめ

しかけ絵本教室4
干支を飾る　グリーティングカード

NDC 754.9

2001年10月１日　初版発行
2006年10月１日　第 二 刷

著　者　菊地　清
発行者　小川光二
発行所　(株)大日本絵画
〒101-0054　東京都千代田区神田錦町1-7
電話03(3294)7861
印刷・製本　大日本印刷㈱

ISBN4-499-33057-2 C2072